小学校英語サポートBOOKS

Q&Aでわかる！
はじめての小学校英語専科

悩みにとことん寄り添う
55の Q&A

服部 晃範 著

明治図書

JN040218

はじめに

「小学校英語専科になった先生方の悩みに寄り添えるような本にしたい」
これが，この本を書いているときに常に私の心の中にあった想いです。

　はじめまして，静岡県公立小学校で英語専科教員をしている服部晃範といいます。こういった本を出すということはすごい英語力や指導力の持ち主だろうと思われるかもしれませんが，全くそんなことはありません。2年前まではごく普通の公立小学校の学級担任をしていました。それが2年前に「来年度から英語専科をよろしく」と言われ，英語専科教員としてのキャリアが急遽スタートしたのです。中学英語教員免許は持っていましたが，大学時代の専攻は情報教育でしたし，英語教育の知識や経験が豊富とは決して言えない状態でした。そのため英語専科になりたての時には相談できる相手もおらず本当に苦しかったですが，自分なりに新しい知識を得たり，教室で実際に試行錯誤しながら実践し続けたり，実践を発信し続けたりする中で少しずつ英語専科としての力を高めてきたつもりです。とはいっても，執筆時点での英語専科の経験は1年半しかありませんから，この本の執筆を依頼された時，「Q＆Aでわかる！はじめての小学校英語専科」というタイトルは正直ハードルが高いなとも思いました。

　そんな私がどうしてこの本を書こうと思ったのか。それは，英語専科として働く先生方の中に，1年目の私と同じように，大変さや困難さを感じている先生が多いということを強く感じていたからです。私と同じ地域で働いている英語専科の先生方だけでなく，全国的にも不安や困り感を抱えながら仕事をされている先生方が多くいるということがインターネットなどを通じてもわかりました。2020年度から小学校英語が教科化されたとは言うものの，まだまだ現場では指導方法や評価方法などが確立されているとは言い難い状

況です。そのため，英語専科になることに不安をもっていたり，実際に今困っていたりする先生方をサポートできるのであればと，本書を書くことを決めました。冒頭の想いに繋がりますが，そういった先生方に寄り添えるようにと，自分の今もっている経験や知識を全てこの1冊に注いだつもりです。

　さて，本書のメインはもちろんQ＆Aです。55個のQuestionには，できるだけ，小学校英語専科になられた先生方が疑問に思ったり困ったりするであろうことを中心に取り上げました。とはいっても，英語専科の状況や立場は人によって違います。1校のみの勤務と複数校での勤務，中学校教員出身の先生と小学校学級担任出身の先生，小規模の学校と大規模の学校など様々でしょう。そのため，55個のQuestionの中には読者の先生方の実情に合っていないものもあるかもしれません。そういった場合は，Questionの一覧を見て，興味のあるものから読んでいくのもよいと思います。

　Answerを書くにあたっては，私自身も学習指導要領解説や参考資料などをもう一度読み直しながら，できるだけ初任で小学校英語専科になった方にもわかるようにしたつもりです。また，そういった資料からわかる単なる事実だけでなく，私自身の実践や普段の授業で意識していることも盛り込みました。一方で，Answerに書いた解釈の仕方や解決の方法は，あくまで「私はこうしている」というものなので，唯一解ではないと思っています。Answerを読んで「私もこうしてみよう」と思っていただければ嬉しいですが，それだけでなく「このやり方もあるけど，私ならもっと違うやり方をするな」と先生自身の考えを深めるきっかけにしていただければそれもまた嬉しいです。
　この1冊が英語専科になった先生方の助けに少しでもなれば幸いです。

2021年1月

服部晃範

CONTENTS 🔍

Chapter **2**

はじめての小学校英語専科
お悩み解決 Q&A

事前準備について 🔍

授業準備について 🔍

授業内容について Q

指導方法について 🔍

評価・テストについて 🔍

仕事術について 🔍

はじめての
小学校英語専科

４つの心得

1

英語専科ならではの「ワクワク感」をもとう

1 えっ，私が英語専科!?

　英語専科になられた先生方の中には，色々な方がいらっしゃると思います。希望してなったという方もいるかもしれませんが，「えっ!!　私が専科!?」「英語を専門で教える自信はないなぁ…」「中学校では教えていたけど，小学生相手は不安…」という方もいるのではないでしょうか。

　しかし，先生が小学校英語専科を任されたということは，英語免許をもっていたり，英語力があったり，英語の授業の経験が豊富にあったりという理由があり，それが認められたからなのだと思います。だから，先生方にはぜひ自信をもって，楽しみながらこの英語専科という仕事に取り組んでいただきたいなと思います。

2 英語専科の仕事の素晴らしさって？

　英語専科の核となる仕事は，もちろん英語の授業です。小学校の学級担任から英語専科になられた先生は，「英語の授業だけやるなんてつまらない」「小学校は学級担任じゃなきゃやりがいを感じられない」と思われる先生もいらっしゃるかもしれませんね。でも本当にそうでしょうか？

　私自身も学級担任を11年間やってきたので，学級の30人〜40人の子どもたちと長い時間を一緒に過ごしながら，子どもたちの成長を見ていくことの素晴らしさを知っています。一方で，英語専科ならではの素晴らしさも知って

います。それは英語の授業を通じて「何百人」もの子どもたちの成長を見ることができるということです。

　４年生の女の子Kさんは，ある単元の振り返りシートに「去年までは英語が苦手だったけど，今年は少し英語が話せるようになって楽しくなりました」と書きました。これを見た瞬間，自分の英語専科としての頑張りが報われたようで嬉しかったことを覚えています。また，年度当初なかなか授業に真剣に取り組めず，英語を話そうとしなかった５年生の男の子Iくん。彼は英語の勉強の仕方がわかってくると，少しずつ真剣に取り組むようになり，周りの子に教えてあげるなど，意欲的に活動する姿が見られました。それは彼が６年生になった今でも続いています。そんな様子を見て，英語専科として１年間粘り強く指導してきてよかったなと思いました（もちろん，このような子どもたちの成長の背景には英語専科である自分だけでなく，担任の先生のサポートがあったことは言うまでもありません）。

　こうした子どもたちの成長を見ることができるという点は，学級担任時代にはなかった素晴らしさだなと思います。

3 先生自身がワクワク感をもとう

　英語に限らずどんな授業であっても，私が心掛けていることがあります。それは『ワクワク感をもって授業に臨む』ということです。もし先生自身がつまらないなあと思って授業に臨めば，その熱量が知らず知らずのうちに子どもたちに伝わり，子どもたち自身にとっても面白くないものになってしまいます。では，どうしたらワクワク感をもって授業に臨むことができるのでしょうか。そのためには，まず教材研究をすることが必要です。「この活動を入れれば，子どもたちが楽しみながら英語に慣れ親しむことができそうだ」とか「ここはつまずきやすそうだから，こういう練習をいれてみよう」など，子どもの姿をイメージしながら頭の中で授業を考えることが，ワクワク感をつくっていくのだと思います。

2 英語専科の核を「英語の授業」と捉えよう

1 教材研究をしっかりして授業に臨む

　学級担任として学級づくりをすることのない英語専科としての仕事は，どこか物足りないと思われるかもしれません。しかし，英語専科は，担任以上に教材研究や授業準備に時間と労力を費やすことができます。

　担任の先生は，どうしても英語の授業の準備は後回しになりがちです。そこを英語専科だからこそ，じっくりと教材と向き合い，しっかりと準備をし，授業に臨むことができるのです。それは子どもにとっても，学校全体にとっても大きなプラスです。そこに英語専科としてあなたが働く意味があるのだと思います。だからこそ，教材研究には手を抜かず，常によりよい授業を模索していってほしいなと思います。

2 準備しすぎず，柔軟さをもたせる

　授業においては準備が大切なのはもちろんなのですが，準備というのはあくまで「計画」です。どんな物事でも計画通りいくことは，ほとんどありません。ましてや授業です。子どもとのやり取りの中でつくり上げていくものなので，事前に立てた計画通りに全てうまくいくことはないのではないでしょうか。もし，いつも自分の計画通りに授業が進んでいるとすれば，それはかなり子どもが先生の顔色を窺って動いてくれているのかもしれません。

　だからこそ，授業を考える際には「柔軟さ」も大事にしたいと私は思って

います。特に，英語専科は同じ学年でも多くのクラスに入るので，同じ授業計画を立てていてもクラスによって反応が違うことも多々あります。

　1時間の授業準備で考えたり用意をしたりすることとしては，「本時の目標」「学習活動」「ワークシートなどの教材」「評価方法」などがあります。特に「本時の目標」をはっきりさせておくことが大事だと思います。ここさえブレなかったら，多少のイレギュラーなことが起きても動じずに授業を進めることができます。一方で「学習活動」には「柔軟さ」が必要です。授業を考えていると，「この活動もしたい」「あの活動もしたい」と色々なアイデアが思い浮かんでくることがあると思います。しかし，それらを全て学習活動に組み込むことは危険です。計画通りに全て学習活動をこなすことが目的になり，目標が達成できないということも考えられるからです。ですので，学習活動には，「子どもたちの様子を見てやるかどうか決める活動」や「時間が余ったらやる活動」，また「クラスによってやる順番を入れ替える活動」などのように柔軟さをもたせることで，子どもの実態に合わせて授業をつくっていくことができます。

3 授業が終わったら振り返る

　英語専科として授業力をつけて成長していくためには，自分自身の授業を振り返るということがとても大事です。授業が終わってから，うまくいったことはどうしてうまくいったのか，うまくいかなかったことはどうしてうまくいかなかったかを簡単にでも分析しておくと次の授業につながります。

　もし，何クラスかに同じ授業をするのであれば，授業をやるごとに修正できることは修正していくといいですね。また，反省点をノートに書き出したり，単元計画（または授業計画）を修正したりすることもよいでしょう。私自身はブログなどを活用しながら，実践を発信していくこと自体がよい振り返りの場となっていました。自分にあった継続可能な振り返りの方法をもっておくとよいと思います。

3 英語専科の仕事は 長距離走と考えよう

1 1年間走りきれるような働き方を

　私の英語専科１年目の話です。４月に新しい学校に赴任し，２校兼務の英語専科という初めての立場で，頑張ってよい授業をしなければと常に気を張りながら仕事をしていました。学校での残業こそ少なかったですが，家に帰ってから夜遅くまで授業準備をしていたことも多くありました。そして１学期も終わりそうな頃に，ついに体調を崩してしまいました。その時に考えたことは，「こんな働き方をしていたら，１年間続けられないぞ」ということです。それ以来，全ての仕事に100％の力を出し切るのではなく，仕事に優先順位をつけながら働くことを心がけるようになりました。

　当たり前のことですが，英語専科としての仕事は１年間続きます。とてつもない時間と労力をかけて授業準備や教材作成などをして，１時間だけいい授業ができたとしても，それによって先生が体調を崩してしまっては元も子もありません。そうならないためには，自分自身の「体力」を把握しつつ，どの仕事にどのくらい力を入れるのかを考えながら，自分自身で仕事をマネジメントする必要があります。

2 自分の「体力」を把握しよう

　ここでいう「体力」は長時間働いたり，重労働をしたりすることで削られる身体的な体力という意味もありますが，それだけでなくストレスや不安に

よって削られていく気力といったものも含まれます。この「ストレスや不安に感じること」は人によって違います。自分自身がどんなことを不安やストレスに感じるのかをきちんと把握し，そういった仕事については１人で抱え込まずに，他の人の手を借りたり相談したりすることも必要です。

3 コストパフォーマンスを考えて優先順位をつける

　次に，仕事への力の入れ方について考えてみます。教師の仕事には「やった方がよいこと」が溢れていて，大事でない仕事はありません。どの仕事にどの位の力を入れればいいか困ったら，コストパフォーマンスを考えましょう。『コスト＝時間や教師側の労力』『パフォーマンス＝子どもがつけたい力をつけたか』と考えると，どのくらい力を入れた方がいい仕事なのかが見えてきます。例として，５年生のアルファベット指導を例に考えてみましょう。

　A：ワークを毎回授業後に集め，全ての文字を添削して次の時間に返す

　B：子どもが書いている間に机間支援をしながら３文字だけ添削して，回収はしない　　※Bの指導方法についてはQ25にも書いてあります

　まずコストについて考えます。A先生は非常に丁寧に指導をしています。しかし，放課後に何クラス分ものワークの丸つけと添削をしなければならず，そこに多くの時間と労力がかかることが想像できます。一方でB先生はどうでしょうか。子どもたちが書いた最初の３文字のみを見ており，回収もしていないのでA先生に比べて圧倒的に時間も労力もかけていません。次にパフォーマンスを考えると，A先生とB先生に大きな差はあるでしょうか。むしろコストをかけていないB先生のやり方の方が，子どもたちがすぐに評価＆フィードバックをもらえて，力がつくような気さえします。

　このように，なんでもかんでもがむしゃらにやるのではなく，「コストパフォーマンスの高い方法は何か」を考えることで，力の入れ加減を調整することができそうです。英語専科としての仕事を１年間走りきるためには，こういった視点もぜひもっておきたいところです。

4 英語専科同士の
つながりをつくろう

1 うまくいかなくても焦らない

　英語専科はまだまだスタートしたばかりの新しい分掌です。同じ立場の人が校内に１人しかいないということがほとんどで，孤独を感じてしまうこともあるでしょう。また，授業がうまくいかない時には，先生自身がすべてを抱えてしまいがちです。小学校での英語教育が大きなターニングポイントを迎えています。初めての教科書，初めての評価，初めての読み書き指導など，初めて尽くし。そんな中で，全てを完璧にこなすことなんてなかなかできることではありません。むしろ，うまくいかなくて当たり前です。先生自身が落ち込みすぎたり，自分を責めたりすることなく，子どもたちの前に笑顔で立つことが大切です。「まあ，しょうがないよね」と自分を許してあげる。そんなゆとりを心の中にもっておきたいところです。

2 英語専科同士のつながりを

　とは言っても，実際に授業が進んでいくと「この単元はどうやって進めたらいいのかな？」「このやり方でいいのかな？」といった疑問や不安が必ず出てきます。職員室に自分の居場所をつくるということはとても大事です（これについてはＱ６で書かせていただきました）が，それだけではこういった疑問や不安は解決されないので，やはり英語専科同士のつながりというものも必要になってきます。自治体によっては，英語専科のための研修や情

報交換会などを行っているところもありますが，そういった自治体ばかりではありません。英語専科を任命した後は，専科の先生方に全てを任せているという自治体も多いのではないでしょうか。また，小さな自治体では，専科が数人しかいないという所もあり，なかなか英語専科同士のつながりをつくっていくことは難しい場合があるかもしれません。

3 研究会や SNS を活用する

　では，どのように他の英語専科の先生方とつながればよいのでしょうか。いくつか方法が考えられますが，1つは，地域の研究会やサークルに参加してみるということです。なかなか地域の研究会が見つからないという場合には，オンラインの研究会に参加するという方法もあります。例えば，『小学校外国語授業づくり研究会』（https://gaikokugolesson.amebaownd.com/）ではオンラインセミナーやオンラインサロンがあり，全国どこからでも参加が可能となっています。他にも学会が主催するセミナーに参加してみるというのもよいでしょう。小学校英語教育学会（https://www.e-jes.org/）という学会では，各地域でセミナーを定期的に行っているので，興味のあるものに参加してみるのもよいと思います。私の場合は，地域の英語教育研究会に所属はしていますが，それに加えて，インターネットを通じて，多くの英語専科の先生や，英語教育に熱心な先生とつながることができました。その中で自分のアイデアにコメントをもらったり，不安を解消したりしてきました。これがなかったら，ここまで前向きに英語専科を続けることができなかったと思っているくらいです。使用する際には，守秘義務や著作権のルール等は守らなければなりませんが，こうしたサービスをうまく活用していくことも，つながりをつくっていくための有効な手段となりえそうです。現在は様々な教職員向けの SNS もありますので，こちらも活用したいところです。

　・フォレスタネット　https://foresta.education/
　・SENSEI ノート　https://senseinote.com/

Column

英語専科の発信術

　自分自身の実践を「発信」していくということは，実践を振り返ったり，繋がりをつくったりできるという大きなメリットがあります。私自身は，以下のような方法で発信をしています。

①専科だより

　市内の先生方を中心に，英語専科だよりというおたよりを不定期で発行しています。このおたよりでは，授業のアイデアをはじめ，第二言語習得の考え方や学習指導要領についてなど，今先生方に知ってほしい情報を載せるようにしています。

② SNS を活用した実践のアウトプット

　その日にやった実践を端的に紹介しています。1日の実践を振り返ることができるというメリットもありますが，それ以上に発信することを通じて全国の小学校英語に携わる先生方とつながれるというのが大きいです。

③ブログによる情報発信

　自分の考えやインプットしたことをより詳細にまとめて発信したい時は，ブログの記事としてまとめます。複雑な事柄について，自分自身の思考を整理するのにぴったりな方法です。

Chapter 2

はじめての
小学校英語専科

お悩み解決
Q&A

Question 1 4月の早いうちにやっておくべきこと はありますか？

Answer 各校との打ち合わせやスケジューリング，物品購入など たくさんあります。計画的に，見通しをもって行いましょう。

1 打ち合わせは確実に

　英語専科として働く際には，年度初めに確実に打ち合わせておきたいことがいくつかあります。下記表を参考に，不明な点がないようにしておきましょう。複数校勤務の場合は，これを各校で行っておくとよいでしょう

打ち合わせ相手	打ち合わせ内容（例）
教務主任	時間割や日課についての確認（詳しくはＱ３で） 学校の年間計画（行事など）の確認 通知表の時期や形式の確認
学級担任	学級児童についての情報交換 授業中のルールなどの確認 学年費で購入する教材・テストの確認
事務	予算の確認
ALT	打ち合わせ時間の確認 授業での役割分担の確認

2 購入したい物品は予算に確実に入れておく

　一番気をつけたいのは教材や備品の購入です。年度当初の予算に入っていなければ，年度途中でテストやアルファベットワークや絵カードなどを購入することはできないからです。「今現在ある教材や備品」を把握し，「予算書に計上されているもの」を調べた上で，「新たに購入すべきもの」を予算に計上する必要があります。具体的には下記のようなものが考えられます。

学年費で購入するものの例
　　・アルファベットワーク　　・業者テスト　　・フラットファイル
　　・４線ノート　　・名札ケース

学校備品として購入するものの例
　　・ピクチャーカード　　・DVD や CD などの教材　　・四線黒板

3 1年間のスケジューリングをしながら見通しをもとう

　時間割と学校の年間計画がはっきりしたら，教務必携などのスケジュール帳に主な行事や自分の出張，授業内容などを書き込んでいきましょう。イレギュラーな行事や出張などで修正する必要は出てくるので，鉛筆のような消せる筆記用具で書いておくとよいと思います。これを１年間分やっておくと見通しがもて，授業時数の過不足などもわかるのでおすすめです。時数が足らないなど問題がある場合には，教務主任に相談をしておきましょう。

　ちなみに私は，初年度は紙のスケジュール帳を使っていましたが，２年目からは Excel と iPad を使って管理をすることにしました。これについてはQ46でも紹介しています。

事前準備

授業準備

授業内容

指導方法

評価・テスト

仕事術

Question 2 時間割を組む際に
気をつけることはありますか？

Answer すべて希望が通るとは限りませんが，授業準備時間を週のはじめに入れてもらったり，同じ学年の連続にしてもらったりするなどの希望を教務主任に出しておくとよいです。

1 時間割によって1年間の大変さが決まる

　英語専科になると決まったら，一番初めに教務主任や管理職に相談してほしいことが時間割です。時間割は教務主任が学期当初に，それぞれの先生方の希望を聞いて組んでいくのが一般的ですが，この時に希望をきちんと伝えておかないと，1年間，先生方の負担が大きくなることにもなりかねません。

2 できるだけ同じ学年の授業を連続にする

　具体的には，どういったことを考慮する必要があるのでしょうか。1つは，「できるだけ同じ学年を連続させる」ということです。例えば，1日の中で4年生2クラス，5年生2クラス，6年生2クラスの6時間授業をやると想像してみてください。この時，次ページ表のAとBではどちらの方が，負担が少ないと感じるでしょうか。おそらく多くの方がAを選ぶのではないでしょうか。私自身，AとBの両方の時間割を経験していますが，Aは授業内容も切り替えがしづらいですし，教室移動の距離も長くなるので，休み時間中に次の時間の準備がきちんとできない場合も出てきてしまいます。ゆとりをもって毎時間の授業に挑むためにも，変化の少ない時間割を組んでもらうこ

とは大事です。

	1	2	3	4	5	6
A	4年1組	4年2組	5年1組	5年2組	6年1組	6年2組
B	5年1組	4年1組	6年1組	5年1組	6年2組	4年2組

3 複数校勤務の場合は1時間目に授業準備の時間を

　複数校勤務の場合はその週の最初の勤務日の1時間目に授業準備の時間を入れるとよいです（下表）。この1時間があることで，その週に使う印刷物をまとめて印刷したり，その学校で行う1週間の授業をシミュレーションしたりすることができ，落ち着いて授業に臨むことができます。

曜日	月	火	水	木	金
勤務校	A校	B校	C校	C校	B＆A校
1	授業準備	授業準備	授業準備	C6年	B5年
2	A5年	B5年	C5年	C6年	B5年
3	A6年	B5年	C5年	C5年	B6年
4	A4年	B6年	C6年	C5年	B6年
5		B6年	C6年	C4年	A5年
6		B4年		C4年	A6年

　ここまで時間割について書いてきましたが，時間割は様々な制約のある中で，教務の先生も苦労してつくっているものです。実際には自分の希望通りにならないこともありますが，そういった時に不満ばかりを言うのではなく，組まれた時間の中で効率的な仕事の仕方を模索することも非常に大切だと思います。

事前準備

授業準備

授業内容

指導方法

評価・テスト

仕事術

Ｑuestion 3 担任の先生や ALT とはどんなことを打ち合わせておけばいいですか？

Ａnswer 担任の先生とは児童の情報交換を，ALT とは授業における役割分担を中心に打ち合わせておきましょう。それに加えて，ALT との関係をつくるためにコミュニケーションを積極的にとりましょう。

1 担任の先生とは学級や児童の情報交換を

　英語専科の授業は，多くの場合，「英語専科と ALT の TT」で授業をすることがほとんどだと思います。担任の先生は，英語の授業に直接関わらないことも多いと思うのですが，学級のことを一番よく知っているのは担任の先生です。4 月当初は，担任の先生も子どもと直接会っていないかもしれませんが，昨年度の担任から子どもの情報を引き継いでいるはずです。「話すことに苦手意識をもっている子は誰か」といった英語の授業におけることはもちろんですが，子ども同士が直接的に関わることが多いので，「友達関係で心配な子どもはいるか」といった人間関係に関する情報も知っておきたいことです。また，特別支援学級の子どもがいる場合には「どのような支援や配慮が必要か」を特別支援学級の先生とも話ができるとよいですね。

　こうした情報交換は，4 月だけでなく継続的に担任の先生と行っていけると，専科にとっても担任にとっても児童理解を深めていくことにつながります。立ち話程度でもいいので，ぜひ続けていきたいです。

2 ALT との関係づくりはとっても大事

一方で ALT（ここでは外国人 ALT と日本人 ALT の両者を指します）とは，１年間（もしかしたら何年間も）一緒に英語の授業をするパートナーとなることが多いので，良好なパートナーシップを築くことはとても大事なことです。私の場合は日本人 ALT の方と組んで仕事をさせてもらっていますが，良好な関係が築けているという実感があります。

しかし，他の専科の先生の話を聞くと，ALT とうまく関係が築けずに専科の仕事にも悪い影響が出てしまうことも少なくないようです。人間，一度「この人とは合わない」という先入観を抱いてしまうと，そこから関係を築くのはなかなか難しいです。初めて ALT と出会う４月は，そういった先入観をもたずに接することができるはずなので，少しのミスや自分の考えとの相違や文化の違いには目をつぶり，相手のよいところを見つけるようにするとよいと思います。そのためには，仕事に関する話だけでなく，その人自身に関心をもって様々な話をすることも必要です。

専科と ALT の関係は，困ったときに支え合える関係というのも大事ですが，それ以上にうまくいかなかった時や失敗してしまった時に許しあえる関係ということが重要だなと最近は感じます。

3 ALT とは授業における役割分担をはっきりさせておく

私は４月の段階で「授業の基本的な流れは僕がつくるので，もし気になったことがあったら教えてください」と ALT に伝えています。授業におけるT1は英語専科ですので，基本的な授業の流れに関しては専科が責任をもつとした方がよいと考えているからです。しかし，全て自分だけの考えで進めるのでなく，「こういう活動入れたいんですけど，何かいいアイデアないですか？」と ALT の考えもうまく活用しながら，授業づくりに参加してもらうとよいと思います。また，「毎時間の文字指導と単語のレビューはお願いしてもいいですか」など，授業内でよく行われる活動については，役割分担をはっきりさせて，最初にお願いしておくとよいでしょう。

事前準備

授業準備

授業内容

指導方法

評価・テスト

仕事術

Question **4** 備品や教材があまりないのですが，
どうしたらいいですか？

Answer 備品や教材については，あるかどうかをチェックした上で，必要なものは購入しましょう。購入しないけど必要な教材は，優先順位をつけて早め早めに作成しておきましょう。

1 まずはどんな備品や教材があるかをチェックしよう

　備品や教材の購入予算を計上する前に，まずはどんな備品や教材があるのかをきちんと把握しておきましょう。この作業をしっかりしておかないと，「購入したけどやっぱりあった」ということや「あると思っていたけど，なかった」ということになってしまいます。また，これには備品や教材の保管場所を知っておくという目的もあります。しかし，特に異動したばかりだとどこに何が置かれているかがわかりません。そんな時は，前年度に外国語活動や外国語科の授業をやった先生に保管場所を聞くとよいと思います。

　チェックが終わったら，Q１でも書いたように，購入したいものを予算に入れて購入しましょう。

2 購入できないものは，優先順位をつけて自分で作成する

　予算には限りがあるので，全てを購入してもらうことは難しいです。また，自分の使いたい教材が，必ずしも販売されているとも限りません。そんな時は自作することも選択肢に入れましょう。この際に大事なのは，優先順位をつけることです。その基準となるのは使用頻度です。ピクチャーカードを例

にとってみます。

> ピクチャーカードA：１時間×３クラス＝３時間分
> ピクチャーカードB：４時間×３クラス＝12時間分

　８時間単元のうち１時間だけ使うピクチャーカードは，３クラスで使ったとしても，たった３時間しか使わず使用頻度は低いです。こういったものは，わざわざつくる必要はないですし，デジタル教科書で示すだけでも十分でしょう。一方で，８時間単元の内４時間で使うピクチャーカードはどうでしょうか。３クラスで使ったら12時間使えることになります。こういったものは使用頻度が高くなるので，優先的に作成するとよいと思います。

3 何で作成するかも見極めて

　教材を作成する際には，何を使って作成するかも重要です。例えばＡ４サイズでピクチャーカードを作る際には，①印刷用紙，②画用紙，③印刷してからラミネートという３つの方法が考えられます。

	時間	費用	耐久性
普通の印刷用紙	◎	◎	△
画用紙	◎	○	○
印刷＋ラミネート	△	△	◎

　毎時間使うようなものであれば耐久性が高い方がよいので，時間と費用が掛かってもラミネートをした方がよいですが，１時間しか使わないのであれば印刷用紙で十分です。このように，教材によって，優先順位をつけたり，つくり方を工夫したりすることで，効率よく準備をすることができます。

事前準備

授業準備

授業内容

指導方法

評価・テスト

仕事術

Question **5** 職員室に居場所がないように感じてしまいます…

Answer プラスαの貢献が何かできないかを考えてみましょう。また，授業でのよい表れを伝え合うことも信頼関係を築くことにつながります。

1 所属感が欠如すると，より高次な欲求を満たすのは難しい

英語専科をやる先生方にとって，大きな障壁になりうるのが「所属感の欠如」だと思います。右の図のマズローの5段階欲求でいうと「所属と愛の欲求」が満たされていないということです。そうすると，それより高次

な自己承認欲求（自分で自分を認めてあげる）を満たす気にはなれないし，よりよい授業づくりをしようというような自己実現の欲求を満たそうとはならないでしょう。ですので，この「所属感」を得るということは英語専科として仕事をする上で非常に大事なことなのです。

私の場合は，3年勤務した前任校を異動して，新しい学校2校で英語専科になりました。普通の異動であれば，4月当初であっても仕事の中で色々な職員と仕事をする機会が多くあります。例えば，学級担任であれば一緒に学年を組む先生たちと仕事をする中で，自然とお互いのことを知っていったりすることでしょう。しかし，専科はたったの1人。その中で職員との信頼関

係を築き，所属感を獲得していくのには相当時間がかかりました。では，所属感を得るには，具体的にどうしたらよいのでしょうか。

2 自分のできる範囲で＋αの貢献をする

　1校勤務の場合は英語専科としての仕事以外に他の分掌があることと思います。ですので，そういった分掌での仕事をする中で，信頼関係や所属意識は高まっていくことでしょう。しかし，複数校勤務では，あまり分掌がないこともあります。そういう場合は，無理のない範囲で学校に貢献できることを見つけるといいかなと思います。あくまで，無理のない範囲でというのがポイントで，その仕事をしたら残業が増えて教材研究ができなくなったというのでは本末転倒です。例えば，私の場合は以下のようなことに取り組んでいました。

・4月当初の学級事務　　　　　　・学校HPの更新（週1回）
・写真掲示の入れ替え（年3回）　・行事などの写真撮影
・掃除時間の職員室の掃除　　　　・ビデオ放送の手伝い

　またICTの知識は多少あるので，PCのトラブル相談なども快く引き受けていました。できるだけ自分の得意なことで，継続して無理なくできる仕事を受けておくとよいかなと思います。

　別の方法としては，積極的に子どものよい表れを担任などに伝えていくこともおすすめです。そうすることで，担任の先生も「よく見てくれているな」と感じ，担任の先生からも温かい言葉が返ってくるはずです。こうしたやり取りの積み重ねによって同僚性ができ，所属感も生まれてくるのだろうと思います。管理職も，担任も，級外も，専科もみんな忙しいのが今の学校ですが，お互いに温かい言葉が出てくるそんな職場でありたいなと思います。

事前準備

授業準備

授業内容

指導方法

評価・テスト

仕事術

Question 6 新しい単元に入る前にするべきことは何ですか？

Answer 事前に単元計画を作成し，見通しをもって，授業準備ができるようにしましょう。

1 単元計画を作成しよう

新しい単元が始まる前までには，単元計画を作成しておきましょう。新しい単元が始まってしまうと，どうしても日々の授業を考えることに精一杯になってしまいがちです。しかし，単元計画を作成しておくことで，単元全体の見通しがもてるのでゆとりをもって授業準備に取りかかることができます。また，単元目標をはっきりさせておくことで，多少授業が思い通りにいかなかったり，イレギュラーなことがあったりしても，常に単元で身に付けたい力に向かう指導をすることができます。ALT と打ち合わせをする際にも，毎時間授業案を作成せずとも単元計画を基に話すことができます。

この単元計画作成は，前単元の成績処理（テストの採点作業など）と同じタイミングになりがちなので，早めに作成しておくといいですね。少し骨の折れる作業ですが，これをやっておくことが明日の自分を救います。

2 単元計画は1枚にまとめる

単元計画には様々な様式があると思いますが，僕は右ページの写真のような単元計画を作成しています。この単元計画のポイントは1枚にまとめると

いうことです。何ページにも渡っていると，単元全体を俯瞰することが難しくなり，見通しがもちにくくなります。

事前準備

授業準備

授業内容

指導方法

評価・テスト

仕事術

R2　6年生　UNIT1　単元計画　～プロフィールカードをもとに自分のことをみんなに伝えよう！～

[聞くこと]自分のことを伝えたり，相手のことをよく知ったりするために，名前や好きなこと，誕生日などについて，短い話を聞いてその概要が分かったり，話すことができる。[読むこと]例文を参考に文を読んだり，書いたりすることができる。

1	2	3	4	5	6	7	8
		●ファイル作成	【Let's sing】Hello,everyone	【Food Jingle】		【Let's sing】Hello,everyone	【Let's sing】Hello,everyone
【Orientation】 ・外国語の授業でこころがけたいことなどを話す。 ・聞くことの重要性 ・どのように聞くか	【Animal Jingle】	●ポートフォリオ作成 【Food Jingle】	【Animal Jingle】 【Sounds and Letters】 ・Dd（ワークp4-5）+まとめ	【Sounds and Letters】 ・Ff（ワークp4-5） 【Let's sing】Hello,everyone,one	【Animal Jingle】 【Sounds and Letters】 ・Gg（ワークp4-5）	【Food Jingle】 【Sounds and Letters】 ・Hh（ワークp4-5）+まとめ	【Animal Jingle】 【Word Link】月・日付 ・廠報→ポインティングゲーム
【Small Talk】自己紹介 I'm Akinori. A-K-I-N-O-R-I Akinori. I'm from ○○ city. My birthday is Nov 24th. I like ramen very much. I can play soccer. ※聞けたことを確認する。 ・児童からの質問に答える。日本語を英語でどう言い換えられそうかを考える。 ・単元終末の言語活動を確認	【Sounds and Letters】 ・ワークP1～P3を読んだり説明を聞いたりし，アルファベットの「音」について知る。 ・ワークの進め方の説明 ・Bb（ワークp4-5） 【Word Link】国名 ・メトロノーム ・3ヒントクイズ	【Sounds and Letters】 ・Cc（ワークp4-5） 【Let's sing】Hello,everyone 【Let's Listen】P7 5O-F ・Martinの自己紹介を聞き，名前・出身・話せる言葉・好きなものを押さえる	【Small Talk】 What animal do you like? ・嶋報 ・We Can のチャンツ ・ポインティングゲーム 【Word Link】月・日付 ・嶋報 ・We Can のチャンツ ・ポインティングゲーム	【Word Link】月・日付 ・嶋報 ・We Can のチャンツ ・not 31st ゲーム	【Small Talk】 When is your birthday? 【②Let's Play】 ・なりきり自己紹介Lv2 ・自分がなりきりたい人物のカードを3枚選び，名前と好きなものを紹介する。	【Activityの準備・練習】 ・全体～ペアで言い方を確認したり練習したりする。	【○◆Test】 ・単元末テストを行う。
【Listening】 ・Starting Out の映像（Emily）を見て，番号を書く。 ※Orientationでやったことを直後づける。	【Let's Play】 ・なりきり自己紹介Lv1 ・自分がなりきりたい人物のカードを3枚選ぶ。 【Let's Listen1】 ・二人の自己紹介を聞いて，4選に名前を，（ ）に出身国を書こう。 【Let's sing】Hello,everyone	【Word Link】月・日付 ・嶋報 ・We Can のチャンツ ・ポインティングゲーム 【①Let's Listen2】 ・歴史上の人物について聞いてに誕生日を書こう。	【Small Talk】 What animal do you like? 【※Small Talk オリエンテーション】 【Word Link】月・日付 ・嶋報 ・ポインティングゲーム ・ポインティングゲーム 【★Reflection】	【Let's Try3】 ・誕生日を聞きあい，教科書に書く。 【Let's read and write】 ・自分の誕生日を書く。（P86） 【★Reflection】	【②Activity】 ・作ったプロフィールカードをもとに，自己紹介をする。 Hello. I'm Akinori. A-K-I-N-O-R-I I like soccer. I can play soccer. My birthday is June 13th. 【Let's read and write】 ・P86 にまだ書いていない文を考えて書き写す。 【Activityの準備・練習】 ・プロフィールカードに，名前（文字），好きなものなどを書く。 ・全体～ペアで言い方を確認したり練習したりする。 【★Reflection】	Hello. I'm Akinori. A-K-I-N-O-R-I I like soccer. I can play soccer. My birthday is Nov 24th. ＋αも推奨する 【★Reflection】	【Over the Horizon】 Do you know? ・世界のあいさつについて ・ことば探検隊 ・世界の言語の割合について英語が多いことに気づく。 ・世界のすてき ・動画を視聴し，およおその内容をつかむ。 【Greeting】
		【Let's Play】 ・なりきり自己紹介Lv1 ・自分がなりきりたい人物のカードを3枚選ぶ。 【Let's Listen1】 ・二人の自己紹介を聞いて，4選に名前を，（ ）に出身国を書こう。 ・その人になりきって，名前と好きな言葉や好きなものを紹介する。 I'm Keisuke. I'm from Japan. I like soccer. I can play soccer. 【Let's Speak】 ・自分のことについて話す。 【Let's read and write】 ・名前と好きなもの・ことを書く。（P86） 【★Reflection】					
文字指導				②学んだ表現を使った自己紹介ができわかる。（聞く） ②学んだ表現を用いて他人を紹介しているか。（話） ・慣れ親しんだ表現を書き写すことができている（読書）	②学んだ表現を用いて自己紹介しているか。（話）	②学んだ表現を用いて自己紹介しているか。（話）	★この単元を通して主体的に学ぼうとしていたか。（主） ◆◆単元で学習していることが身についているか（聞読書）

3　単元計画はあくまでも計画

　単元計画はあくまでも計画です。授業が進んでいくと，この通りには進まなかったり，よりよいアイデアが思いついたりするものです。ですので，完璧な単元計画をつくる必要はないと思います。単元目標，単元終末の言語活動，学習活動，評価方法くらいが書いてあればよいでしょう。学習活動は，単元を進めながら，入れ替えたり，やらなかったり，新しい活動を追加したりと，進めながら変更するものだと捉えます。先生自身が単元のゴールと単元全体のイメージをもてればそれでよいのです。

Question 7 単元目標や単元終末の言語活動は どのように考えたらよいですか？

Answer 単元目標と単元終末の言語活動は表裏一体です。単元目標を具現化した姿が単元終末の言語活動で現れるように心がけましょう。

1 教科書を参考にしながら単元目標を考えよう

　単元目標を０から考えてもよいのですが，大変な場合は教師用指導書などを参考にするとよいと思います。例えば，私は６年生 UNIT 1の自己紹介を扱う単元の目標を次のように設定しました。

①自分のことを伝えたり，相手のことをよく知ったりするために，名前や好きなこと，誕生日などについて，短い話を聞いてその概要が分かる。（聞くこと）
②自分のことを伝えたり，相手のことをよく知ったりするために，名前や好きなこと，誕生日などについて，話すことができる。（話すこと［発表］）
③例文を参考に文を読んだり，書いたりすることができる。（読むこと・書くこと）

　これは，指導書に書かれた単元目標をもとに４技能５領域にまとめたものです。３観点（知識・技能，思考力・判断力・表現力，主体的に学習に取り組む態度）で書く方法もあるかと思いますが，外国語科・外国語活動の場合は学習指導要領に英語の目標が４技能５領域ごとで書かれているので，この

方が書きやすいように思います。

2 単元目標に合わせて単元終末の言語活動を設定する

　小学校英語の授業では単元末に言語活動（例：『自己紹介をしよう』，『おすすめの国を紹介しよう』など）を設定し，そこに向かって授業を計画していくことが一般的です。この際，単元を通して力をつけた姿が，単元終末の言語活動の中で現れるようになっていることが大切です。

　例えば，私の場合，前ページの単元目標を達成するために「プロフィールカードをもとに，クラスのみんなに自分のことを紹介し合おう」という単元終末の言語活動を設定しました。この言語活動は，４月のスタートでお互いのことを話したり聞いたりする必然性が十分にあり①②の目標に合致しています。また，プロフィールカードをつくることで③の目標も達成することができます。このように，単元目標と言語活動の内容が合っているかどうかをよく考える必要があります。

3 単元終末の言語活動は詳細に記述する

　単元終末の言語活動は詳細に記述することをおすすめします。そうすることで，単元末までに身に付けておくべき力や，扱わなければならない言語材料がはっきりし，授業のイメージや単元目標の解像度がぐっとあがります。ここまでやっておくと，単元を進めていてもゴールがはっきりしているので，指導がぶれにくくなります。

> Hello.
>
> My name is Akinori.
>
> I like ramen.
>
> I can play soccer well.
>
> My birthday is May 5th.
>
> Thank you for listening.

事前準備

授業準備

授業内容

指導方法

評価・テスト

仕事術

Question 8 評価はどのように計画しておく
必要がありますか？

Answer 単元目標や単元終末の言語活動とともに，どこでどのような評価をするのかをできるだけ具体的に考えておきましょう。

1 ワークシートを利用しながら評価を具体的に考える

　単元目標と単元終末の言語活動と同じくらい，どのように評価をするかを考えておくことも重要です。特に，高学年の外国語科では，総括的評価をして要録にも書くことが求められているので，どこでどのような評価をするのかをイメージして授業に臨みましょう。私は単元計画に評価方法を記載しておくようにしています（Q6参照）が，特にしっかりと評価計画を立てたい場合には，次ページのようなワークシートを埋めていきながら，単元の学習評価計画を考えます。具体的には，以下のことを考えます。

①単元目標と新学習指導要領とのつながり
②単元で扱う言語材料と領域ごとの評価規準
③単元終末の言語活動とパフォーマンス例
④ ［話すこと］のパフォーマンス評価のためのルーブリックとそれ以外の技能の評価方法

　学習評価についての詳しい説明は，p.82以降の「評価・テストについて」で詳しく紹介しています。

①単元目標

（　）年生　Unit（　）　学習評価計画シート

単元目標

単元目標と指導要領との関連（関連する項目にマーカーを引く）

英語の目標（領域ごとの目標）

聞くこと	ア　ゆっくりはっきりと話されれば、自分のことや身近で簡単な事柄について、簡単な語句や基本的な表現を聞き取ることができるようにする。 イ　ゆっくりはっきりと話されれば、日常生活に関する身近で簡単な事柄について、具体的な情報を聞き取ることができるようにする。 ウ　ゆっくりはっきりと話されれば、日常生活に関する身近な事柄について、短い話の概要を捉えることができるようにする。
読むこと	ア　活字体で書かれた文字を識別し、その読み方を発音することができるようにする。 イ　音声で十分に慣れ親しんだ簡単な語句や基本的な表現の意味が分かるようにする。
話すこと [やりとり]	ア　基本的な表現を用いて指示、依頼をしたり、それらに応じたりすることができるようにする。 イ　日常生活に関する身近で簡単な事柄について、自分の考えや気持ちなどを、簡単な語句や基本的な表現を用いて伝え合うことができるようにする。 ウ　自分や相手のこと及び身の回りの物に関する事柄について、簡単な語句や基本的な表現を用いてその場で質問をしたり質問に答えたりして、伝え合うことができるようにする。
話すこと [発表]	ア　日常生活に関する身近で簡単な事柄について、簡単な語句や基本的な表現を用いて話すことができるようにする。 イ　自分のことについて、伝えようとする内容を整理した上で、簡単な語句や基本的な表現を用いて話すことができるようにする。 ウ　身近で簡単な事柄について、伝えようとする内容を整理した上で、自分の考えや気持ちなどを、簡単な語句や基本的な表現を用いて話すことができるようにする。
書くこと	ア　大文字、小文字を活字体で書くことができるようにする。また、語順を意識しながら音声で十分に慣れ親しんだ簡単な語句や基本的な表現を書き写すことができるようにする。 イ　自分のことや身近で簡単な事柄について、例文を参考に、音声で十分に慣れ親しんだ簡単な語句や基本的な表現を用いて書くことができるようにする。

②言語材料と評価規準

言語材料について

この単元における3観点別評価規準：領域については単元における重点のみでもよい

	知識[上段]・技能[下段]	思考・判断・表現	主体的に学習に取り組む態度
聞くこと			
読むこと			
話すこと [やり取り]			
話すこと [発表]			
書くこと			

③単元終末の言語活動とその例

単元終末の言語活動（パフォーマンス課題：主に話すことの評価）

単元終末の言語活動の具体例

話すこと：知識・技能B＆思考・判断・表現Bの評価例

単元途中で想定される児童のつまづきとそれに対する指導

A評価になるパフォーマンスはどのようなものか

④ルーブリックと評価計画

パフォーマンス課題のための評価ルーブリック

評価規準	知識・技能	思考・判断・表現	主体的に学習に取り組む態度
A			
B			
C			

話すこと以外の評価方法

	単元途中	単元終末
聞く		
読む		
書く		

事前準備

授業準備

授業内容

指導方法

評価・テスト

仕事術

Question **9** 教科書や指導書の通りに授業を進めなければいけませんか？

Answer すべてを教科書通りに進める必要はありません。子どもたちの様子や関心などによって，教科書以外の活動を取り入れたり，教科書の活動をアレンジしたりしましょう。

1 教科書は使わなければならないが…

最初に堅い話をすると，学校教育法第34条では『**小学校においては，文部科学大臣の検定を経た教科用図書又は文部科学省が著作の名義を有する教科用図書を使用しなければならない**』と定めてありますので，高学年の外国語科で１年間教科書を全く使わない授業というのは NG です。では，毎時間教科書通りの活動をそのまま行わなければならないのでしょうか。これはそうではないでしょう。子どもや学級の実態によって，活動を増やしたり，場合によっては活動を削ったりしながら授業を組み立てていくことは当然あります。私たちが考えるべきことは，指導要領に示された目標に子どもたちが近づくことです。教科書に載っていない活動を入れた方が力をつけられると思えば入れてもよいですし，少し難しすぎるなど，子どもの実態に合っていないと思えばそれ以外の活動に差し替えることもありだと思います。

では，どのようなアレンジ方法があるのでしょうか。

2 全体で練習する表現や単語は，本当に必要なものに絞る

教科書はかなり内容が豊富です。その内容をすべて網羅しようと思うと，

単なる活動の羅列になってしまい，子どもにとってもつまらない授業になってしまう可能性すらあります。そのため，「この単元で身につけるべき力は何か」ということを考えた上で，行う活動や触れる表現に軽重をつけることが必要だと思います。「New HORIZON Elementary 6」（東京書籍）の Unit 2 を例にとります。この単元は，日常生活や欲しいものについて伝え合うことがテーマです。教科書では単元中に「乗り物10語」「一日の時間４語」「文房具12語」「一日の生活17語」「日常生活28語」といった71語もの単語に触れるつくりになっています。これらの単語の多くは５年生でも触れられていますが，全ての単語について何度もリピートしたり，単語を使ったワードゲームを行ったりしていたら，とても時間が足りません。例えば「乗り物」の単語は本当に必要でしょうか。これは登校の仕方について話すために載っている表現ですが，私の勤務する学校の地域では子どもたちは歩いて登校するので，「乗り物」の単語を練習してもほとんどその後の言語活動で使用することはありません。ですので，この単語についてはリスニング教材の中で出てきた時に少し確認するぐらいで，全体で時間をかけて練習するということはしなくてもよいでしょう。もちろん，いろんな乗り物で登校してくる学校でしたら学ぶ意味は十分あるので，学校や子どもの実態に応じて軽重をつけるということが大事なのだと思います。

　こうした軽重をつけるやり方については，教科書の指導書にも書かれていることが多いのでやってはいけないことではないのです。

3 ゲームやアクティビティも柔軟に

　ゲームやアクティビティについても実態に合わせて柔軟に組み替えることが必要です。先生方のアイデアで，より子どもたちにとって力がつく活動があればどんどん取り入れていきましょう。ただし，教科書の活動＋オリジナルの活動とすると，どんどん時間が圧迫されていくので，新しい活動を取り入れたら教科書の活動は軽くするように心がけることも必要になります。

Question 10 毎時間の授業準備をする時間がなかなかとれません…

Answer できるだけ自分自身で仕事の時間や内容をコントロールして，上手に授業準備の時間を生み出しましょう。また，コストパフォーマンスを考えて，仕事に優先順位をつけましょう。

1 仕事のできる時間を把握し，授業準備する時間を決めておく

　私自身英語専科になってから，あまり残業をせずに帰宅するようにしています。これには，学級担任の時にやっていた業務や，大きな分掌の仕事がないというのも1つの要因ですが，それだけではありません。『仕事のできる時間を意識して，仕事を自分でコントロールしようとしていること』も大きいです。私の場合は，主な授業準備の時間として月曜日と金曜日の放課後の時間を自分の中で充てています（次ページ表）。1時間目の空きコマも週に3回あるのですが，その日の授業で使用するプリントを印刷したり，授業をシミュレーションしたりするため，なかなかじっくりと授業について考えることには向いていません。一方で月曜日と金曜日は『1コマ＋放課後』と，かなりまとまった時間がとれるので，授業の内容や教材をじっくり考えたりつくったりするのに適しています。

　持ちコマ数や時間割は人によって異なると思いますが，このように「この時間は授業準備をする時間」とはっきりと決めておくと知らぬ間に時間が過ぎてしまうということも少なくなると思います。

2 本当にやらなければならない仕事かを判断する

仕事の時間だけでなく，仕事の量をコントロールするという視点も必要です。これは，Chapter 1でも書きましたが，コストパフォーマンスを考えて本当にやらなければならない仕事かどうかを見極めるということです。特に，『ワークシートを集めるかどうか』というのは，放課後の時間を圧迫するので，授業内で見ることはできないか，自己チェックや相互チェックなどの方法はとれないか，回収して丸つけをしてフィードバックを返すことで大きな効果が得られるかをよく考えた上で判断したいところです。

3 締め切りがあるものは速攻で片づける

　事務書類など，締め切りがあるものについては速攻で片づけることも仕事をコントロールするという点で大切です。「締め切りが先だからまだいいや」という気持ちでいると，やらなければならないことはどんどん溜まっていき，コントロールできずに仕事に追われていく状況に陥ります。そうならないためにも，頼まれたらその場で終わらせるぐらいのつもりでいると，ゆとりをもって，授業準備など大切な仕事に時間と労力をかけることができます。

曜日	月	火	水	木	金
勤務校	A校	B→A校	C校	C校	B校
1	当日の準備	当日の準備	授業	当日の準備	授業
2	授業	授業	授業	授業	授業
3	授業	授業	授業	授業	授業
4	授業	授業	授業	授業	授業
昼	丸つけ等	移動	丸つけ等	丸つけ等	丸つけ等
5	今週の授業準備	授業	授業	授業	授業
6		授業		授業	次週の授業準備
放課後	今週の授業準備	授業準備	会議	授業準備	次週の授業準備

事前準備

授業準備

授業内容

指導方法

評価・テスト

仕事術

Question **11** 言語活動とはなんですか？

Answer 「互いの考えや気持ちを伝え合うなどの言語活動」のことです。単なるゲームのことを指しているわけではないので注意が必要です。

1 学習指導要領における「言語活動」とは

> 外国語によるコミュニケーションにおける見方・考え方を働かせ，外国語による聞くこと，読むこと，話すこと，書くことの言語活動を通して，コミュニケーションを図る基礎となる資質・能力を次のとおり育成することを目指す。

　上記は小学校学習指導要領（平成29年告示）の外国語科の目標の冒頭ですが，ここに「言語活動を通して」と書いてあります。ここでいう「言語活動」とは一体何なのでしょうか。学習指導要領では，**「互いの考えや気持ちを伝え合うなどの言語活動」**と**「言語材料について理解したり練習したりするための学習活動」**の2つをはっきりと区別しています。右ページ上表の①〜③はいわゆるゲームや練習と呼ばれるような活動です。こういった活動は，英語を使ってはいますが，気持ちや考えを伝えるものにはなっていないので指導要領の「言語活動」とは言えません。一方で④〜⑥は，目的をもってお互いの気持ちや考えをやり取りする活動となっているので「言語活動」と言えそうです。

事前準備

授業準備

授業内容

指導方法

評価・テスト

仕事術

	活動	内容	言語活動
①	キーワードゲーム	教師がキーワードを言ったら消しゴムを取る	×
②	単語のリピート練習	フラッシュカードを使った反復練習	×
③	カルタゲーム	教師の言った単語のカードを取り合う	×
④	インタビュー活動	好きなものをお互いに聞き合う	○
⑤	お店屋さんごっこ	作りたい料理のために必要な材料を集める	○
⑥	おすすめの国紹介	自分の調べた，おすすめの国を紹介する	○

2 言語活動しか行ってはいけないわけではない

　では，ゲームのような「言語材料について理解したり練習したりするための学習活動」をしてはいけないのかというと，そうではありません。単元前半に「言語材料について理解したり練習したりする活動」を多く行い，単元の後半に向けて「互いの考えや気持ちを伝え合う言語活動」を増やしていくというのが基本的な単元全体の構成です。単元を通して毎時間言語活動が行われるのが理想ですが，特に単元の終末には，その単元で身につけた表現を

用いながら英語でコミュニケーションをする「単元終末の言語活動」を組み，そこに向かって単元を進めていくのが基本です。

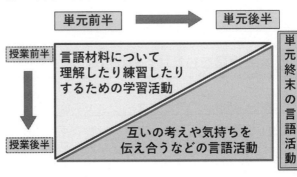

Question 12 単元終末の言語活動はどのように考えればいいですか？

Answer 単元終末の言語活動は，子どもたちが必要感をもてるものにしましょう。そのためのキーワードは「相手意識」と「実社会とのつながり」です。

1 単元終末の言語活動をできるだけ必要感のあるものに

　小学校英語における単元構想の核となるのは，単元の最後に行う言語活動です。この言語活動に向かって子どもたちは学習を進めるので，これをできるだけ子どもにとって必要感のあるものにするということが重要になってきます。とはいっても，毎単元，手の込んだ言語活動を用意することはなかな大変ですので，教科書の各単元の最後に用意されている言語活動を一工夫するという方法がおすすめです。その際，「相手意識」と「社会的文脈」の視点から活動を見直すことがポイントです。

2 相手意識をもたせる言語活動

　小学校英語は「コミュニケーションを図るための資質・能力」を育てる教科です。ですので，コミュニケーションする相手を子ども自身が意識できることがとても大事です。では，相手意識といった時の相手にはどんな人が想定されるでしょうか。右ページに，想定する相手と『メニューづくり』という言語活動を，それぞれの相手に合わせてアレンジした例をまとめました。

	相手	言語活動例
Lv.6	世界の人々	海外から来た人も喜ぶオリジナルメニューを考えよう
Lv.5	地域の方	地元の食材を使った地産地消メニューを提案しよう
Lv.4	学校の異学年	みんなの喜ぶ給食メニューを考えよう
Lv.3	学級の友達	クラスの人気メニューランキングをつくろう
Lv.2	自分だけ	僕の好きな食事のメニューをつくろう
Lv.1	相手なし	メニューをつくろう

　このようにまとめると，常に Lv.6を目指さなければいけないように感じますが，そうではありません。最終的に Lv.6のような外国の方と交流する活動を組むのはハードルが高く，そこまでできないことの方が多いからです。実際には，テーマや交流可能かどうかという点を考慮に入れながら，どのような相手を想定するか Lv.3～Lv.6から選択していくということになるでしょう（ただし，Lv.1や Lv.2の活動はもうひと工夫したいところです）。

3 実社会とつながるように言語活動を位置付ける

　最終的な言語活動が学級内だけで収束してしまうよりも，その活動が実社会ともつながっているということを意識させることで，必要感を高めることができます。「地域の農家の人が，海外の人にも〇〇市の特産品の良さを伝えたいみたいなんだけど，どんなメニューが考えられそうかな？」とすれば，実際に地域社会での問題と言語活動をつなげることができ必要感も高まりそうです。また「日本では多くの輸入食品に頼っているけれど，それによって多くの資源を使っているんだ。輸入食品にできるだけ頼らない地産地消メニューを考えることはできないかな？」とすれば，地球全体の問題と言語活動をつなげて考えることができます。高学年の外国語科では，他教科とも関連させながら，多様な視点で言語活動を見直すことも効果的です。

事前準備

授業準備

授業内容

指導方法

評価・テスト

仕事術

高学年

Question 13 「書くこと」では英作文を書けるようにするのですか？

Answer 外国語科では英語の語句や表現を書くことが求められています。しかし，書く表現はあくまで「十分慣れ親しんだ」表現であり，「書き写す」ことや「例文を参考にして書く」ことが求められていることに留意する必要があります。

1 学習指導要領では…

　小学校学習指導要領（平成29年告示）において［書くこと］の目標は以下のように示されています。

> ア　大文字，小文字を活字体で書くことができるようにする。また，語順を意識しながら音声で十分に慣れ親しんだ簡単な語句や基本的な表現を書き写すことができるようにする。
>
> イ　自分のことや身近で簡単な事柄について，例文を参考に，音声で十分に慣れ親しんだ簡単な語句や基本的な表現を用いて書くことができるようにする。

　［ア］［イ］の両方に共通することは，「音声で十分に慣れ親しんだ簡単な語句や基本表現」というところです。つまり，それまでの活動でたくさん聞いたり，実際に話して使ってみたりした，十分に慣れ親しんだ表現について書くということが想定されています。また書くといっても，何もヒントがない状態で書くというわけではありません。［ア］は「書き写す」となってい

るので絵辞書やワードリストに書かれた語句や表現を書き写すことが求められています。また［イ］では，「自分のことや身近な事柄について，例文を参考に書く」となっているので，例で示された文の一部を，自分のことに置き換えて，例示された言葉の中から選んで書くということが求められています。こう考えると，中学校のテストにあるような，日本語で書かれた文を英訳する活動や，何のヒントもない状態で英作文をするという活動は小学校では求められていないということがわかります。

2 「語順」や「語と語の区切り」は指導する

一方で，例文を参考に書いたり書き写したりする際には，「語順」や「語と語の区切り」といったことについては指導する必要があります。「語順」といっても，小学校では SVO（［主語］＋［動詞］＋［目的語］）といった文型について用語を使いながら明示的に指導するということは求められていません。例えば，日本語と英語の文を見比べて「日本語は述語が一番後ろだけど，英語だと真ん中にあるな」「文の最初に主語が書いてあるのは，日本語と同じだな」と子どもの側から気づかせていくような，帰納的な指導が想定されています。

また，語と語の間にスペースを空ける（語と語の区切り）ことは，日本語にないルールなので，定着するのが難しい子も多く，特に根気強く指導していく必要があります。またスペースを空ける以前に，「語のまとまり」を意識できていない場合もあります。意識させるためには，［書くこと］だけでなく，［読むこと］の領域ともうまく関連付けた指導が必要でしょう。例えば，書く前に「例文（ex. "He can ride a unicycle."）を指で追いながら聞いたり読んだりする」といった活動を入れ，「キャンは英語で書くと can なんだな」とか「ライダユニサイコって言っていたのは，"ride" "a" "unicycle" のことなんだな」と子ども自身が語のまとまりに気づけるようにすることが大切です。

Question **14** アルファベットは完璧に書けるように
しなければなりませんか？

Answer 小学校段階でアルファベットの小文字と大文字の活字体
を書けるようにすることが求められています。中学年の内容とも関
連させながら，段階的に指導していくようにしましょう。

---

1 アルファベットは中学校から小学校の指導内容に

前学習指導要領（中学校：H20年告示）	新学習指導要領（小学校：H29年告示）
ウ 読むこと （ア）文字や符号を識別し，正しく読むこと。 エ 書くこと （ア）文字や符号を識別し，語と語の区切りなどに注意して正しく書くこと。	（2） 読むこと ア 活字体で書かれた文字を識別し，その読み方を発音することができるようにする。 （5） 書くこと ア 大文字，小文字を活字体で書くことができるようにする。

　アルファベットの大文字と小文字の活字体の読み書きは，前学習指導要領
（平成20年告示）では中学校の指導内容として扱われていました（上図左）。
　しかし，現学習指導要領（平成29年告示）では，中学校の指導内容からは
削除され，小学校の外国語科の指導目標の中に載っています（上図右）。し
かも文末が「できるようにする」となっているので，定着が求められている
ことがわかります。つまりアルファベットの読み書きは，小学校で確実に身
につけておくべき内容となっているのです。

2 アルファベットの指導は中学年からスタートしている

　[読むこと][書くこと]は高学年からですが，実は中学年の外国語活動の[聞くこと]の目標にも，アルファベットに関しては，次のように明記されています。

> ウ　文字の読み方が発音されるのを聞いた際に，どの文字であるかが分かるようにする。

　これはアルファベットの名称と文字の字形をつなげることを表しており，高学年で文字を読んだり書いたりするときに非常に重要な素地となります。文科省のテキスト『Let's Try』では，Unit 6にアルファベットをテーマにした単元が組まれています（3年生は大文字，4年生は小文字）。この Unit を活用しながら，アルファベットに関心をもったり，慣れ親しんだりしていくことが大切です。これに加えて，帯活動でアルファベットに慣れ親しむ活動を入れておくと，高学年の文字指導にスムーズにつなげることができます。帯活動として行えるものには以下のような活動があります。

活動名	活動内容
ABC ソング	ABC ソングを歌う。慣れてきたらスピードを速くするのもよい。
ZYX ソング	ABC ソングを逆から歌う。文字を指さしながら歌うことで，文字認識力が高まる。
ABC タイムトライアル	ペアで交互にアルファベットを指さしながら順番に言う。タイムを毎時間計ることで，成長を実感させる。
カード並べ	アルファベットカードを順番に並べる。タイムを毎時間計ることで，自分自身の成長を実感させる。
アルファベットビンゴ	アルファベットカードを3×3で並べて行うビンゴ。

事前準備

授業準備

授業内容

指導方法

評価・テスト

仕事術

Question
15
アルファベットの書き順は教科書の
通り指導するのですか？

Answer アルファベットには正式な書き順はありません。教科書
の書き順をベースに指導しながら，他の書き順も認めていくとよい
と思います。

1 アルファベットには正式な書き順はない

　アルファベットには一般的に正式な書き順はないと言われていますが，書き順を指導してはいけないということではないです。「書き順はどうでもいいから，この形を見て，同じになるように書いてごらん」という指導では，どうやって書くのか理解できない子もいるので，基本的には教科書の書き順で指導していくのがよいと思っています。新しい教科書では，これまでのローマ字指導で見られたような不自然な書き順（例えば a を二画で書くなど）が減り，できるだけ自然な運筆ができるような書き順が考えられて提示されています。ただし，教科書の書き順を強制するのではなく，子どもたちの書きやすさにも配慮して，「こっちの書き方の方が書きやすければ，こっちでもいいよ」と幅をもたせることが大事です。また，字形が崩れてしまうような書き方をしている場合には，「この方が上手に書けるよ」などとアドバイスをしてあげるといった指導も効果的だと思います。

2 3年生のローマ字指導とは書き順が違う可能性も

　子どもたちはアルファベットの文字を，3年生の国語でローマ字として学

んでいます。そのため，３年生で学習したローマ字の書き順と，５年生で学習するアルファベットの書き順が違う可能性もあります。３年生の国語の教科書やローマ字ワークと見比べておくとよいかもしれません。

　特に2021年度の５年生までは，３年生の時に前学習指導要領の教科書でローマ字を学んできた子どもたちになるので，書き順が大きく違う可能性があり，配慮が必要です。「３年生の時，どうやって書いた？」などと，現在の子どもたちの書き方を確認してから指導に入るのもよいと思います。

3 書き間違えると他の文字になってしまう文字は注意

　書き順以上に気をつけたいのは，間違って書いたり，急いで書いたりすると，他の文字に見えてしまうアルファベットの指導です。例えば「h」や「d」は，縦画の長さが短くなると「n」や「a」に見えてしまうし，「b」

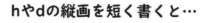

hやdの縦画を短く書くと…

nやaに見えてしまう

や「p」は向きが変わると「d」や「q」になってしまいます。ただ単に「正しく書きましょう」や「高さを意識して書きましょう」というだけでなく，「ここを短く書くと a に見えちゃうから，気を付けた方がいいね」と間違った例を板書で示しながら指導すると，高さを意識するよさを子どもたち自身が実感できます。

　アルファベットの文字指導については，下記書籍が非常に参考になりますので，興味のある方はぜひ手にとってみてください。

『これからの英語の文字指導』　手島良（研究社）
『小学校英語の文字指導』　アレン玉井光江（東京書籍）

Q_{uestion} 16 「読むこと」では英文を読めるように するのですか？

A_{nswer} 書くことと同じように，「音声で十分に慣れ親しんだ簡単な語句や基本的な表現」を対象としています。また，完全な定着を求めているわけではないというところもポイントです。

1 学習指導要領では…

小学校学習指導要領（平成29年告示）の［読むこと］の目標には，次のように書いてあります。

> ア　活字体で書かれた文字を識別し，その読み方を発音することができるようにする。
>
> イ　音声で十分に慣れ親しんだ簡単な語句や基本的な表現の意味が分かるようにする。

［ア］はアルファベットの読みに関する目標で，英文のようなまとまった語句や表現の読みについての目標は［イ］になります。ここでは［書くこと］と同じように，「音声で十分に慣れ親しんだ」という表記があるので，初めて見る英文を読めることを求めているわけではない点に留意する必要があります。つまり，それまでの活動でたくさん聞いたり，実際に話して使ってみたりした，十分に慣れ親しんだ表現について読むということが想定されています。また，文末が「分かるようにする」であって，「できるようにす

る」ではないところもポイントです。指導はするが「できるようにする」ところ（つまり定着）までは求めていないという意図が含まれています。

2 読む際には言語外の情報もヒントにする

> 日常生活に関する身近で簡単な事柄について，掲示，パンフレットなどから自分が必要とする情報を得たり，絵本などに書かれている簡単な語句や基本的な表現を識別したりするなど，言語外情報を伴って示された語句や表現を推測して読むようにすることを示している。
>
> （学習指導要領解説 外国語活動・外国語編　p.78）

　上記は学習指導要領解説に載っている［イ］についての説明です。ここで注目したいところは「言語外情報を伴って示された語句や表現」です。言語外情報を伴って示されたものの例としては「掲示」「パンフレット」「絵本」といったものが挙げられています。つまり，何もヒントがない状態で英文を読むことが求められているわけでなく，イラストや写真といった言語外情報をヒントにして英文が読めればよいのです。

　このように見ていくと，文を読むことについては，小学校段階で完璧に読めるようになることが求められているわけではないことがわかります。「教科化されたから，教科書に出てくる文章や単語を全部読めるようにさせなきゃ」と焦る必要はありません。何度も何度も様々な場面で聞いて，話して，読んでいく中でちょっとずつ「あっ，今まで話していた言葉は，文にするとこうなっているんだな」と子どもたちが気づいていけるようにすることが大事です。また，語句や表現を読む際にはアルファベットの音（Aだったら名称が［eɪ］で音が［æ］）もヒントになるので，アルファベットの音の指導も並行して行うことが効果的です（指導方法例はQ29を参照）。

事前準備

授業準備

授業内容

指導方法

評価・テスト

仕事術

高学年

Question 17 フォニックスを指導しなくてはならないのですか？

Answer 小学校英語では，アルファベットの名称だけでなく音も指導することとなっています。しかし，フォニックスのような規則的なルールを明示的に指導するということは，小学校段階では求められていません。

1 小学校ではフォニックスではなく，文字の音読みを指導する

　フォニックスとは「英語の音と文字の関係をルールとして学び，書かれた単語（綴り）を読むことができるようにする指導法」のことです。しかし，学習指導要領解説には，**「中学校で発音と綴りとを関連付けて指導することに留意し，小学校では音声と文字とを関連付ける指導に留めることに留意する必要がある」**と明記されており，フォニックスのような綴りを読めるようにするための指導は中学校で行うこととされています。

　また［読むこと］の目標「イ　音声で十分に慣れ親しんだ簡単な語句や基本的な表現の意味が分かるようにする」について指導要領解説には，下記のように書かれており，フォニックスのようなルールとしての指導はしませんが，文字が示す音の読み方は指導することになっていることがわかります。

> 英語の文字には，名称と音がある。児童が語句や表現の意味が分かるようになるためには，当然のことながらその語句や表現を発音する必要があり，文字の音の読み方は，そのための手掛かりとなる。したがって，ここで示された目標に関して指導する際には，児童の学習の段階に応じて，語の中で用いられる場合の文字が示す音の読み方を指導する

2 文字が示す音の読み方とは？

　アルファベットには名称と音があります。例えば，Aという文字には，[eɪ] という名称と [æ] という音があります。子どもたちは，5年生になるまでに名称読みにたくさん触れますが，音読みについてはあまり意識してきていないと思われます。そこで，いろんな単語の音声を聞いたり，話したり，その単語の文字を見たりしていく中で「アルファベットには名称以外にも違う読み方がありそうだ」ということを高学年の外国語科では気づかせていきたいわけです。そうした気づきが，音声で十分に慣れ親しんだ簡単な語句や基本的な表現の意味がわかるようにするために必要だと考えられています。フォニックスがルールを教えることで単語を読めるようにしていくどちらかというと演繹的な方法なのに対して，小学校ではこれまで表現してきたものからその音に気づかせていく帰納的な方法をとっていると言えそうです。

3 フォニックスを指導してはいけないのか

　英語専科の先生の中には，中学校での指導経験が豊富な先生や，フォニックスに関する知識や指導法をお持ちの先生もいることでしょう。そういった先生方は，フォニックスを教えてはいけないのでしょうか。それもまた違います。というのは，学習指導要領はあくまで最低限の学習内容を示しているものだからです。発展的な学習としてフォニックス指導を行うことは可能です。また，小学校で目指す「英語の文字が示す音の読み方」を指導することとフォニックスの指導では，内容的に重なる部分も多くあるので，フォニックス指導で使われている指導法やアクティビティを部分的に小学校の授業に取り入れることは十分ありえることだと思います。ただし，学習指導要領で示されている指導内容をきちんと教えた上での発展的な学習なので，フォニックス指導を入れたことで他の内容が指導できなかったということはないように気をつけたいです。

事前準備

授業準備

授業内容

指導方法

評価・テスト

仕事術

Question 18 文法事項はどのように扱うのでしょうか？

Answer 小学校では，文法事項ではなく文および文構造を扱うことになっています。「過去形」や「動名詞」といった明示的な文法用語を使って指導したり，用法を指導したりするということではありません。

1 小学校でも文法を教えるのか？

　文科省が2017年に高学年用のテキスト「We Can」を公開した時に，その内容から「これからは小学校でも過去形や動名詞を教えるのか！」と話題になりました。それによって，「小学校でも過去形などの文法を教えるようになった」という間違った認識が一部に広まってしまっているようです。

　では，実際に学習指導要領ではどうなっているのでしょうか。下表は小学校と中学校の外国語科で取り扱うことになっている言語材料の一部です。まず注目したいのは，小学校には「文法事項」という項目がないということです。あくまで小学校段階では，「文および文構造」を取り扱うのであって，文法事項だけを取り出して指導するということは求められていません。

	小学校 高学年	中学校
文	a 単文 b 肯定，否定の平叙文 c 肯定，否定の命令文 d 疑問文のうち，be 動詞で始まるものや助動詞で始まるもの，疑問詞で始まるもの e 代名詞のうち，I, you, he, she などの基本的なものを含むもの f 動名詞や過去形	a 重文，複文 b 疑問文のうち，助動詞で始まるものや or を含むもの，疑問詞で始まるもの c 感嘆文のうち基本的なもの
文構造	a [主語＋動詞] b [主語＋動詞＋補語] のうち， 　主語＋ be 動詞＋名詞／代名詞／形容詞 c [主語＋動詞＋目的語] のうち， 　主語＋動詞＋名詞／代名詞	a [主語＋動詞＋補語] のうち， 　主語＋ be 動詞以外の動詞＋名詞／形容詞 b [主語＋動詞＋目的語] のうち， 　(a) 主語＋動詞＋動名詞／to 不定詞／how（など）to 不定詞 　(b) 主語＋動詞＋ that で始まる節／what などで始まる節 ※ c d e は省略
文法事項		a 代名詞 　(a) 人称や指示，疑問，数量を表すもの 　(b) 関係代名詞のうち，主格の that, which, who, 目的格の that, which の制限的用法 b 接続詞 c 助動詞 d 前置詞 e 動詞の時制及び相など 現在形や過去形，現在進行形，過去進行形，現在完了形，現在完了進行形，助動詞などを用いた未来表現 f 形容詞や副詞を用いた比較表現 g to 不定詞 h 動名詞 i 現在分詞や過去分詞の形容詞としての用法 j 受け身 k 仮定法のうち基本的なもの

2 「過去形」の表現は取り扱うことになっているけど…

　ただ実際に教科書を見ると，"I went to the mountains." という過去形を使った表現が見られるので，「やっぱり『過去形』を教えるんじゃないか」と思われるかもしれません。しかし，前ページの表中で『過去形』は，小学校では『文』の中に，中学校では『文法事項』の中に明示されています。これはあくまで小学校では「"〜に行った。" ということを表現したい時には "I went 〜." を使えばいいんだね」という指導を想定しているということです。「go の過去形が went になるよ」と用語を使ったり，「動詞に ed をつけると過去形になるよ」といった規則性を教えたりする指導は，小学校の4年間で様々な表現に触れた後の中学校段階で，それらを整理するような形で行うことになっています。

3 実際は子どもたち自身が規則性に気づくこともある

　しかし，実際に授業をやっていると，こちらが明示的に教えていなくても，子どもたち自身で規則性に気づくこともあります。例えば，夏休みの思い出を伝え合う単元では，教科書ではあえて不規則動詞（went, saw, ate など）を中心に取り扱っていますが，子どもたちの伝えたいことを中心に授業を進めていくと，規則動詞（enjoyed, visited, played, watched など）の表現が多く出てくることもあると思います。そうすると「あれ，昔のことを言う時って全部最後にドッって言ってるね」と子どもから規則性につながるつぶやきが出ることもありえるでしょう。そんな時は，「それは中学でやるからね」ではなく，「よく気づいたね。過去にしたことを言う時には，/ed/ってつけることが多いんだよ」と子どもの気づきを大切にし，規則性を教えてあげてもよいと思います。あくまで，いきなり「過去形は ed をつけるんだよ」と演繹的かつ明示的な指導をするのではないという点が大切です。

事前準備

授業準備

授業内容

指導方法

評価・テスト

仕事術

Question 19 Small Talk とはどんな活動ですか？

> **A** nswer　これまでの既習事項を使いながら１つのテーマについて，質問したり応答したりしながら，ペアで会話を続ける活動です。５年生では教師－子ども，６年生では子ども同士の Small Talk が想定されています。

1 Small Talk とは何か？

　簡単に言えば，好きなスポーツなど１つの身近な話題について，自分自身の考えや気持ちを伝え合う活動です。５年生では教師と子どもで行い，６年生では子ども同士で行います。この活動の目的は，

> (1)既習表現を繰り返し使用できるようにしてその定着を図ること
> (2)対話を続けるための基本的な表現の定着を図ること

の２点です。ですから，一方的に教師が話をするだけのものや，やり取りの言葉が全て決まっているものは Small Talk とは呼びません。よどみなく決まった言葉を言えることが大事なのではなく，少し止まったり，考えたりしてでも，今まで習ったことを思い出したり相手の思いを汲んだりしながら何とかして会話を続けることが Small Talk なのです。

　実は，新学習指導要領や解説の中には Small Talk という言葉は明記されていません。しかし，文科省テキスト「We Can」の学習指導案例にしっかりと位置づけられており，多くの教科書にも取り入れられていることから，外国語科の活動としては外せないものになっていると考えられます。

2 Small Talk の具体例（テーマ：好きな食べ物）

教師ー子どものSmall Talk

T ：Yesterday, I went to the restaurant. I ate hamburger steak.
　　I like hamburger steak. S1 San, what food do you like?
S1：…pizza.
T ：Oh, you like pizza. It's good. I like pizza, too.
　　S2 san, what food do you like?
S2：I like sushi. ・・・（つづく）

今日のトピックに気づかせ、既習表現を思い出させる。
※5年生はここまででOK.

子ども同士のSmall Talk　1回目

S1: What food do you like?
S2: I like fruits.
S1: …（※ここでは相手の言ったことに反応できていない。）
S2: What food do you like?
S1: I like curry and rice.

1回目では、うまくできないことに子ども自身が気づくということも重要。

中間評価

ここは、日本語でもよいので、困ったことなどを子どもたちから出させ、全体で解決していく。
「反応の仕方がわからなかった」→「困ったら、I see.と言ってあげればいいよ。」
「どんなフルーツが好きか詳しく聞きたい」→「What fruit do you like?でいいと思う」

時間的に行えないこともあるが、できるだけ入れたい。

子ども同士のSmall Talk　2回目

S1: What food do you like?
S3: I like fruits. It's delicious.
S1: Oh, I see. What fruit do you like?
S3: I like apples. It's yummy. What food do you like?
S1: I like curry and rice.
S3: Wow, me too.

1回目よりも会話を続けられるようになったという実感を持たせたい。

事前準備

授業準備

授業内容

指導方法

評価・テスト

仕事術

Question 20 All English で指導しなくては なりませんか？

Answer 小学校では All English で授業をする必要はありません。しかし，英語を話す雰囲気づくりや，英語を聞くことに慣れるために，Classroom English を使うことを心がけましょう。

1 All English は中学校で求められること

中学校の学習指導要領には，「授業は英語で行うことを基本とする」ということがはっきり明記してありますが，小学校の新学習指導要領では，このような記述は一切ありません。つまり，小学校では All English の授業を無理して目指さなくてもよいのです。

2 全部日本語で授業をやってもいいの？

では，すべて日本語だけで授業を進めてもいいのでしょうか。これについては，文部科学省発行の「小学校外国語活動・外国語ガイドブック」で次のように書かれています。

クラスルーム・イングリッシュは，児童のリスニング能力を飛躍的に向上させるというものではなく，「英語の授業の雰囲気づくり」としての意味合いが強い。また，教師が積極的に英語を使用することにより，児童が一生懸命に教師の英語を聞こうとする態度を引き出すことにもなる。指導者（日本人の教師）も英語を使うよいモデルとして，授業中の指示

や質問にできるだけ英語を使うように努力したいものである。
「小学校外国語活動・外国語　研修ガイドブック」p.118

つまり，小学校では全て英語で授業を行う必要はないが，指示や質問など
をする際には Classroom English（教室英語）を用いていくことが求められ
ていると考えられます。

3 Classroom English を使う時のポイントは？

Classroom English を使う大きな目的は「子どもが英語を話してみようか
な（聞いてみようかな）と思える雰囲気づくり」です。いくら教師が正し
い英語を流暢に使っていたとしても，子どもが理解できずに不安感を募らせ
てしまうようでは逆効果です。ですので「児童の理解度」を確かめながら使
っていくということが重要です。子どもたちがわかっていないなという場合
には，何度かゆっくり言ったり，ジェスチャーを付けてみたり，視覚情報を
使ったりという支援をする必要があります。場合によっては，日本語で支援
をすることもよいと思います。また，できるだけシンプルな英語の表現を用
いるというのもポイントです。

とは言っても，子どもたちは最初の授業でいきなり Classroom English
を聞いて動いてはくれません。最初の内は子どもたちが理解してくれなくて，
先生自身も戸惑うことがあるかもしれません。しかし，毎時間先生の英語を
聞きながら動いていけば，少しずつ子どもたちは英語を理解し，ジェスチャ
ーなどの支援がなくても理解することができるようになっていきます。子ど
もの理解度に合わせて，ちょっとずつ Classroom English を増やして使
っていくようにすれば，１年でかなり英語を聞いて動くことができるように
なるはずです。「どうせ英語で言ってもわからないから」と思わずに，根気
強く Classroom English を使っていきましょう。

事前準備

授業準備

授業内容

指導方法

評価・テスト

仕事術

Question 21 発音に自信がありません。どうやって指導したらよいですか？

Answer ALT に協力をしてもらったり，デジタル教材を上手に活用したりしましょう。

1 英語専科は発音がいい人がなるわけでもない

　英語専科教員にはどんな人がなるのでしょうか。国の加配で英語専科を任されるには，①中学校か高校英語免許を所持，②２年以上の ALT 経験者，③ CEFR B2相当の英語力（英検準１級レベル）を有する人，④２年以上の英語を使用した海外留学（勤務）経験者のうち１つ以上当てはまっていることが必要となっています。いま専科をやられている先生の多くは①か③の要件に当てはまっている人が多いのではないでしょうか。しかし，「専門は他教科で，中学の英語免許を持っていただけ」とか「小学校の先生になってほとんど英語の授業はやっていない」とか「英語の資格はもっているけど，発音よくペラペラしゃべれるわけじゃない」といった先生方も実際にはおられるはずです。要件に当てはまっているからと言って，発音よく話せるとは限りません。実は，私自身も英検準１級や中高英語免許を持ってはいるものの，外国語科で指導することとなっている「発音」や「強勢」「イントネーション」についてはいまだに不安を抱えています。こうした不安を抱えている，小学校英語専科の先生は案外多いのではないかなと思っています。

2 苦手な音については練習してから授業に臨む

では，発音に自信がない場合は，どうしたらよいのでしょうか。子どもたちには正しく発音された音声を聞かせたいので，先生自身ができるだけ正しい発音を心がけることはやはり必要です。特に，アルファベットの文字（名称読みと音読み）や中心となる語句や表現については，授業前に練習しておくとよいでしょう。また，事前に ALT にチェックをしてもらうのもよいと思います。

3 無理して全てを自分で発音しようとしない

練習をして臨んだからといって，すぐに発音がよくなるというわけではありません。どうしても心配な語句や表現については，ALT に言ってもらいましょう。ただし，ALT に言ってもらう際には，きちんと事前に伝えておかないと授業のテンポが悪くなる可能性があります。私の場合は，単語のリピートや，音声を聞いて行うゲーム（キーワードゲームなど），絵本のような長い文を読んだりする際には，ALT に言ってもらうようにしています。こうした役割分担を事前にしておくことで，スムーズに授業をすることができます。

4 デジタル教材で聞かせるメリットもある

デジタル教材を使って聞かせることのメリットもあります。例えば，東京書籍の教科書付属のデジタル教材にはアルファベットの音を発音してくれる動画があります。これは発音だけでなく，口の形を前と横から拡大して見ることができわかりやすいです。また，その他のリスニング教材では，スピードが変えられたり，何度も聞かせられたりするといった利点があります。

このように，発音に自信がなくても，発音を指導することは可能です。その際，「自分」か「ALT」か「デジタル教材」か，どこでどの方法を使って聞かせるのが一番効果的かを考えて授業に臨むことが大事です。

Question 22 リスニングを行う時のポイントはありますか？

Answer リスニングの際には，事前に内容を予想させたり，聞こえた語句・表現を全体で共有しながら何度も聞いたりするなど，理解可能なインプットになるように意識をしています。

1 ただ単にたくさん聞けばいいわけではない

　私たちが洋楽を聞くだけで英語が使えるようにならないのと同じように，子どもたちもただ単にたくさん英語を聞くだけで英語が使えるようにはなりません。リスニング活動の際に，私が特に意識しているのは「インプット仮説（Krashen, 1984）」と「インタラクション仮説（Long, 1983）」という第二言語習得の2つの理論です。それぞれの理論で，リスニング活動で活用できそうなポイントをまとめると下表のようになります。特に「理解可能なインプット」を意識して指導しています。

①インプット仮説	理解可能なインプット（学習者の現在のレベル［i］を少しだけ上回るレベルのインプット［i＋1］）を学習者に与えることで言語は習得される
②インタラクション仮説	理解不可能なインプット［i＋2］であっても，意味を尋ねたり説明したりするインタラクション（意味交渉）の中で理解可能なインプット［i＋1］に調整される

（村野井・千葉・畑中，2001や酒井・廣森・吉田，2018を基に作成）

2 理解可能なインプットをめざすための指導の工夫

①教科書にある写真や単元のゴールからどんな内容かを予想させる。

いきなり聞かせるのではなく，子どもの先行経験や既有知識を活性化させることでリスニングする内容が理解しやすくなります。

質問例：「この写真は何だと思う？」「どこの国だと思う？」

②まず動画（映像＋音声）で一度見て，テーマを大まかにつかむ。

この段階では，多くの子は視覚情報（映像）を中心に聞いているため，音声には十分注意を払えていない場合も多いですが，それでよいです。

視聴後の質問例：「どんな内容だったかな？」「どこの国の話だった？」

③もう一度動画（映像＋音声）を見て，聞こえた語句・表現を出し合う。

「どんな言葉が聞こえるかな？わかった言葉があったら後で発表してね」と言い，今度は音声を中心に聞きます。視聴後の発表では，いろんな聞き間違いやズレが出てもよいです。それがもう一度聞く必要感を生みます。

視聴後の質問例：「どんな言葉が聞こえたかな？」「どんな意味かな？」

④音声だけを聞き，聞こえた語句・表現を出し合う。

この時点では言っている内容自体は大体理解できているので，単元で押さえたい語句・表現を中心に聞き取ることを目標にして聞いていきます。

視聴後の質問：「聞こえた言葉は？」「『できる』はどんな表現使ってた？」

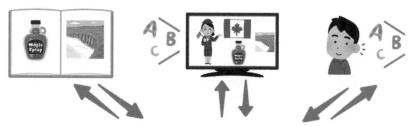

①教科書を見る　　　**②③動画を視聴**　　　**④音声のみ聞く**

内容や表現についての教師ー児童のやりとり
（インタラクション）

Question **23** ゲームは楽しそうにやっているのですが，なかなか力がつきません…

Answer ゲームを効果的に活用するには，「なんの力をつけるためにそのゲームをやっているのか」をはっきりさせ，それに合わせた工夫をすることが大切です。

1 ゲームは楽しませるためだけにやるものではない

　小学校英語の授業で行う様々なゲームの多くは「言語材料について理解したり練習したりするための学習活動」になります。ゲームを子どもたちが楽しんでいたとしても，理解が進んでいなかったり，練習になっていなかったりするのであればやり方を見直す必要があります。具体的には，①どんな力をつけるためにやっているのかをはっきりさせ，②その力をつけるための方法やルールとなっているかを見直すということです。「どんな力と言われても困る」という場合は，「聞くこと」「話すこと」「書くこと」「読むこと」の4技能のうち，どの技能を伸ばすためのゲームかを考えるとよいと思います。

　例えばカルタゲームであれば「聞くこと」の力をつけるゲームとなり，ミッシングゲームであれば「話すこと」の力をつけるためのゲームと言えるでしょう。

2 「聞くこと」の力をつけるための BINGO の方法やルールは？

　具体的な例として BINGO を取り上げます。「聞くこと」の力をつけるためのゲームと考えた場合，どのようにゲームを進めたらよいのでしょうか。

①**BINGO カードは，絵カードを並べさせる。書かせる場合は日本語で。**

BINGO では英語の音声を聞いて，その単語の
意味がわかるということが求められるので，絵
カードを並べさせるのが一番良いと思います。
BINGO カードに単語を書かせる場合には英語
やカタカナで書かせるのではなく，日本語で書
くことで英語の音声を日本語の意味とつなげる
ことができます（ただし，アルファベット
BINGO のように，書くことや読むことを目的
にする場合は英語で書かせてもよいです）。

②**英語の音声を聞いた後，すぐに子どもたちに答えを言わせない。**

例えば先生が「Red」と言った後に，最初にわかった子どもが「赤！」と
言ってしまうと，多くの子は教師の「Red」ではなく子どもの言った
「赤」を聞いて，赤があるかどうかを考えてしまうので，これでは意味が
わりません。「わかっても答えを言わない」というルールを全体で共有し
ておく必要があります。

③**先生もすぐに答えを絵カードで示したり，日本語で言ったりしない。**

教師が英語を言った後に，すぐに絵カードで答えを示したり，日本語で答
えを言ったりしてしまうことも，聞く力を伸ばすことにつながりません。
先生がすぐに答えを教えてくれるとわかっていたら，子どもは英語を聞か
なくなります。英語を言った後は，子どもたちが考えながら言われた単語
を選ぶのを見届けてから，答えを言うようにしましょう。

このように，なぜそのゲームをやるのかを考えると，どのようなルールや
方法にすればよいのかがわかってきます。

事前準備

授業準備

授業内容

指導方法

評価・テスト

仕事術

Question 24 ゲームを取り入れる時はどんなことに気をつければいいですか？

Answer インプット中心の易しいものからアウトプット中心の難しいものへと移行していくことを意識するとよいです。また，過度に競争意識を高めないようにしたり，何のためのゲームか子どもと共有したりすることも大切です。

1 インプット中心のゲームからアウトプット中心のゲームへ

　ゲームを取り入れる時には，難易度を考慮して，易しいものから難しいものになるようにしましょう。具体的には，「語句や表現を知る」→「聞くこと中心のゲーム」→「話すこと中心のゲーム」という順序を意識するとよいです。第二言語習得の認知プロセスとして，【インプット（聞く）→気づき→理解→内在化→統合→アウトプット（話す）】という考え方があります。いきなりアウトプット（話すこと）をするのではなく，インプット（聞くこと）中心のゲームをはじめに組み込むことは，こういった認知プロセスを考えても自然な流れだと思います。

```
┌─────────────────┐      ┌─────────────────┐      ┌─────────────────┐
│ 語句や表現を知る活動 │  →  │ 聞くこと中心のゲーム │  →  │ 話すこと中心のゲーム │
│ （リスニングやリピート） │      │ （キーワードゲームなど） │      │ （ミッシングゲームなど） │
└─────────────────┘      └─────────────────┘      └─────────────────┘
```

2 競争心を煽りすぎない

競争することや勝負することが好きな子は多いですし，競争心をうまく利用することで意欲を高めることもできるでしょう。しかし，過度に競争心を煽るようなゲームのやり方は要注意です。なぜかというと，勝負に勝つことだけが目的になってしまったり，いくらゲームを通じて技能が高まっていたとしても「負けた」という事実が達成感を下げてしまったりする危険性があるからです。競争心を煽りすぎない方法として，友達ではなく自分と勝負させるという方法もあります。例えば，アルファベットカードをＡから順番に並べる「アルファベットカード並べゲーム」を例にとります。「○○さん１番！すごい！」などと友達との勝負を教師が意識させすぎると，並べるのが苦手な子は学習意欲が低くなって，次からやりたがらなくなることが多いです。しかし，毎時間の自分のタイムを記録させておき，「この前より早くなった人！すごいね！」という価値づけ方をすることで，自分ができるようになったことを人と比較せずに実感することができます。他にも，みんなで協力できるようなゲーム（例：クラスで順番に単語を言っていって全員が言えるまでにかかったタイムを計る等）を取り入れることもよいでしょう。

3 ゲームの目的を子どもと共有しよう

　高学年であれば「何のためにこのゲームをやるのか」を共有することも，ゲームを効果的にするためのよい方法だと思います。例えばQ23の BINGOを例にとると，「英語の音声を聞いた後，すぐに子どもたちに答えを言わせない」というルールを突然決めても，子どもたちはどうしてそのルールが必要かわかりません。しかし，「BINGO は英語で単語を聞く力をつけるゲームなんだけど，先生が英語を言った後に誰かが日本語で答えをすぐ言っちゃったらどうかな？」と聞けば，「英語を聞くことにならないから言わない方がいい！」と子どもたちは気づくことができるでしょう。先生がゲームの目的をもっておくことはもちろん大事ですが，子ども自身でその目的に気づくということも同じくらい大事なことだと思います。

事前準備

授業準備

授業内容

指導方法

評価・テスト

仕事術

Question 25 子どもによって作業スピードに
差があるのですが…

Answer クラスには様々な学習タイプがいると最初から考え，進み方に差をつけた課題提示をするとよいでしょう。

1 30人が同じスピードで学習を進められることはあり得ない

学級内に30人の子どもがいたとして，その30人全員が同じスピードで課題を解いていくということは，まずありません。じっくり取り組みたい子もいれば，とにかく速く進めたい子もいるでしょう。そのため，30人全員を同一歩調で指導する以外の方法も知っておくとよいと思います。ここでは，私も授業で取り入れることのある2つの方法を紹介します。

2 早く終わってしまった子が取り組める課題を用意する

例えば，アルファベットワークに取り組む際はどのような工夫ができそうでしょうか。書く作業は特に個人差が大きいので，全員に同じ量をやらせようとすると，早く終わってしまった子はやることがなくなってしまう状況が生まれがちです。そんな時は，早く終わってしまった子のための課題を用意しておくとよいです。しかし，毎回補充プリントなどを用意するのは大変です。そのため私は，次ページの図のように課題を分割し，全員がやる部分と早く終えた人がやる部分に分けることにしています。

具体的には，ＡＢＣそれぞれ３文字（１文字はなぞり書き）ずつ書いたら子どもたちは，手を挙げて先生のチェックを受けます。ＯＫをもらった子どもから，どんどん空いているスペースに文字を書いていきます。①の段階で教師は子どもの技能をチェックしフィードバックを返すことはできているので，②は自習スペースと捉え基本的にチェックしないのがポイントです。②までチェックしようとすると，時間がかかってしまい，字を書くのが苦手な子への支援ができなくなってしまうからです。早く終わってしまった子の課題を用意することは，本当に必要な子へ支援をするためのゆとりをつくることにもつながるのです。

次のアルファベットを書きましょう

A	
B	
C	

①なぞり１文字＋２文字を書く。
教師が全員チェックし，間違っていれば修正させる。

②①でOKをもらった子が書くスペース。
教師は基本的にはチェックしない。

3 選択肢を示しておき，子ども自身に方法を選ばせる

　スピーチメモ（または原稿）をつくるような活動も差が生まれやすいです。私は右のようにスピーチメモを作成した後にやることを板書し，早く終わったら何をすればいいかを明示的に示すようにしています。ここでは，スピーチメモ作成が授業の中心なので，教師はその内容の支援を中心に行います。そのため，スピーチ練習は，子ども自身に任せることになります。この際，作業スピードだけでなく得意な学び方にも個人差はあるので，

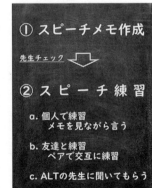

① スピーチメモ作成
先生チェック
② スピーチ練習
　a. 個人で練習
　　メモを見ながら言う
　b. 友達と練習
　　ペアで交互に練習
　c. ALTの先生に聞いてもらう

練習方法については，個人でやってもいいし，友達と練習してもいいし，ALTの先生に聞いてもらってもいいよ，というように子ども自身が選択できるようにしておいてもよいでしょう。

事前準備

授業準備

授業内容

指導方法

評価・テスト

仕事術

Question 26 子どもがうまく話せなかったときは どうすればよいでしょうか？

Answer 子どもが間違った表現を使った時にはフィードバックを返すことが必要です。その際には，暗示的フィードバックか明示的フィードバックかを意識するとよいです。

1 英語が話せるか話せないかは心理的不安も関係する

第二言語習得研究では英語を話せるかどうかということには，心理的な不安が大きく影響を与えることがわかっています。特に年齢が上がり，高学年になるとこういった心理的な影響が顕著になっていくように思います。授業でもこういった不安な気持ちが学習を阻害しないように気をつけて指導にあたる必要があります。そのためには質問にあるような，子どもが誤った表現を使った際に，教師がどのように支援や指導をするかがとても重要です。

2 暗示的なフィードバックか明示的なフィードバックか

子どもが誤った表現を使った際に，そのままにしておいては，子どもは間違った表現を間違ったまま身に付けてしまうので，何らかのフィードバックを返す必要があります。例えば，全体で教師と子どもが Small Talk をしている場面で，"What can you do?" という質問に対し，子どもが "I can soccer." という誤った表現を使ったとします。この後，教師はどのようなフィードバックを返せばよいのでしょうか。

明示的なフィードバックを返すのであれば，「It's not correct. You have to say"I can play soccer."（それは間違いだね。I can play soccerっていう方がいいね）」，というようなフィードバックになります（①）。

①
T: What can you do?
S: I can soccer.
T: It's not correct.
　 You have to say
　 "I can play soccer."

一方で暗示的なフィードバックを返すのであれば，「Could you say again?（もう１回言って）」ともう一度言うことを促して子ども自身に気づかせようとしたり，「You can play soccer.」と教師自身が言い直したりするようなフィードバックとなります。これを recast と言います（②）。

②
T: What can you do?
S: I can soccer.
T: Could you say again?
S: I can soccer.
T: Oh, you can play soccer.
　 That's nice.

これは必ずしもどちらのフィードバックがよいというものではなく，状況や間違い方や子どもの特性に応じて臨機応変に選択すべきものです。今回のように全体での Small Talk という場であれば，子どもの心理的な不安も大きくなるので，暗示的なフィードバックをすべきでしょう。また，細かい文法事項についても，中学校の指導内容になるので，暗示的なフィードバックに留めた方がよさそうです。

3 同じ間違いが多い場合はどうする？

ペアでインタビューをするような活動で，同じ間違いがたくさん見られる場合には，個々にフィードバックを返すのではなく，一度活動を止めて全体にフィードバックを返すのもよいです。子どもの心理的な不安も小さいですし，１回で全員にフィードバックを返すことができます。また，そういった間違いが多くあるということは，そもそも表現に十分慣れ親しめていない可能性が高いので，慣れ親しむためのゲームなどをするのもいいでしょう。

Question 27 YouTube などの教材を活用しても よいのでしょうか？

Answer YouTube などのインターネットサービスを活用することで，本物の英語を聞かせたり，外国の様子を見せたりすることができます。どんどん活用しましょう。

1 本物を授業に持ち込もう

　教師用デジタル教科書には動画教材も多くあります。特に，そのユニットで使用する言語材料に特化した内容になっていたり，話すスピードが聞き取りやすくなっていたりという点では活用しやすいです。しかし，どうしてもリアルさに欠けてしまうこともあります。そんな時は，YouTube などのインターネットサービスをうまく活用することで，英語圏の子どもたちが使っているリアルな英語を聞かせたり，実際の海外の様子を見せたりすることができます。こうした ICT の有効活用は，学習指導要領でも推奨されています。それぞれにメリット・デメリットがあるので，授業者の意図に合わせて使い分けるとよいでしょう（下表）。

教科書のデジタル教材	YouTube 上の動画
○わかりやすい英語が多い ○単元の内容に合致している △リアルさに欠ける △動画の数が限られている	○実際の英語使用場面を視聴できる ○実際の外国の様子や文化がわかる △動画を探すのに時間がかかる △話される英語が難しすぎる △情報の真偽については確認が必要

2 速度調節機能や字幕機能を効果的に使う

　YouTube の動画を利用した際に困ることの１つが，動画内の英語のスピードが速すぎるということです。ちょうどいい動画が見つかったのはいいけれど，「速すぎてこれじゃあ子どもが聞き取るには難しすぎる…」ということも多くあります。そんな時は YouTube の速度調節機能を使うとよいです。再生速度0.75くらいを選ぶと，あまり不自然にならずにスピードがゆっくりになるので，子どもにとっては聞き取りやすくなります。私が授業で使う時は，まずは普通の速度で聞いてざっくりとトピックを掴ませ，２回目に少しゆっくりのスピードでじっくりと聞かせるようにしています。

　中学年の外国語活動で英語の歌を YouTube で流す時にも，この速度調節機能は重宝します。例えば **ABC Song** のような簡単な歌は，何度も歌っていると飽きてしまいます。そこでこの速度調節機能を用いてスピードをあげることで，子どもたちも飽きずに歌うことができるようになります。

　さらに YouTube には字幕機能もついているので，英語字幕をつけたり，日本語字幕（自動翻訳）をつけたりすることで英語を聞き取りやすくすることができます。

3 授業で活用できる YouTube チャンネルは？

　様々な動画やチャンネルがありますが，高学年では HiHo Kids チャンネル（https://www.youtube.com/channel/UCqa2MPu8bLY1PwVFUpSyVhQ）をおすすめします。このチャンネルでは，海外の子どもたちが色んなことにチャレンジしたり，インタビューを受けたりする動画が揃っていて様々な単元で活用できます。例えば『100 Kids Tell Us What They Want to Be When They Grow Up』という動画では，海外の子どもたち100人が将来なりたい職業を話しており，将来の夢がテーマの単元でリスニングや授業の導入として活用することができます。

事前準備

授業準備

授業内容

指導方法

評価・テスト

仕事術

Question **28** 板書をする際には，どのようなことを心がけていますか？

Answer 子どもにとっても授業の流れがわかる板書を心がけましょう。自分なりの板書の基本型をもっておいたり，休み時間中に必要な板書をしておいたり，見出しカードをうまく利用したりするとわかりやすいです。

1 授業の流れがわかる板書を心がける

　外国語活動や外国語科は，他教科のように問題をたくさん解いたり，子どもたちの意見や考えを毎回出し合ってまとめたりすることばかりではないので，悩まれることも多いと思います。私自身は，子どもが1時間の授業の流れがわかるような板書を心がけています。こうすることで，子どもたちは1時間の授業の見通しをもったり振り返ったりすることができますし，教える側としても授業の流れをイメージして，授業をスムーズに進めることができます。

2 自分なりの板書の基本型をつくる

　板書を考える時には，「ここにはこれを書く」ということがある程度決まっていた方がわかりやすいです。私の場合は，授業の最初に文字指導とチャンツや歌や Small Talk を行い，その後でメインの活動に移ることが多いので，黒板の4分の1～3分の1を文字指導にあて，残りをメインの活動にあてることが多いです（右ページ上写真）。

事前準備

授業準備

授業内容

指導方法

評価・テスト

仕事術

3 休み時間に板書を1割書いておく

　休み時間の間に，ある程度板書を書いておくと，子どもも教師も見通しをもって授業に臨むことができます。この際，児童から考えを出させたいところや，全体でしっかりと確認したいところ，教師が書く様子を見せたいところは書かずに空けておきます（下写真）。逆にやることが決まっている活動の見出しや，4線については書いておくといいと思います。活動の見出しの様な毎時間使う表示については，ラミネートをしてマグネットで貼れるようにしておくと，短い休み時間でも，効率的に板書をすることができるようになるのでおすすめです（右写真）。

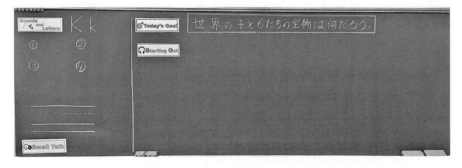

Question 29 アルファベットの音はどうやって指導したらよいですか？

Answer 帯活動で行う文字指導に加えて，実際に文や単語を読んだりする時にその知識を使うように促すことを意識しています。

1 5年生は名称を中心に　6年生は音を中心に

アルファベットには名称と音があります。例えばＡという文字には，［eɪ］という名称と［æ］という音があります。3・4年生の外国語活動でアルファベットの文字に慣れ親しんだ上で，東京書籍の教科書では，名称について5年生で書き方ともに学習し，6年生で音を中心に学習することになっています。私の場合は，基本的にこういった文字指導は帯活動として授業の始めの5～10分で行うこととしています。他にも，授業の終わりに行ったり，モジュールで行ったりするなど，タイミングは様々でしょう。

2 6年生音指導の実際

例えば，Ｔの音について学習する際には，次のように行います。

①学習する文字（Ｔ）とその文字から始まる代表的な単語（tiger）の確認。
②ALTの発音を聞いて，4つのイラストからｔから始まるものを見つけて○をつける（tree, train, tea）。
③ｔのつく単語を子どもたちから引き出し（truck, tower, two, ten な

ど），出てきた単語を ALT に続いて言う。

④アルファベットの大文字・小文字を言いながら書く。

アルファベットワーク例

実際の板書

このような指導を毎時間繰り返しながら，名称とは違った音があるということに気づかせていきます。

3 帯活動でやったことを，別の活動で生かす

帯活動での文字指導を繰り返すだけで，単語や文が読めるようになったりするのはなかなか難しいと感じています。ですので，帯活動以外の文脈で，そこで学んだ知識を使っていってあげることも必要だと感じます。具体的には，"library" という単語が出てきた際に，「"L" や "R" の音はどんな音だったかな」などとたずね，以前に学んだ知識を想起させ，読み方にも生かしていくというようにし，音に関する知識を別の文脈でも活用していくことを心がけています。

事前準備

授業準備

授業内容

指導方法

評価・テスト

仕事術

高学年

Question 30 「読むこと」の効果的な指導方法がわかりません…

Answer 簡単な語句や基本的な表現が読んでわかるようになるためには，音声で十分慣れ親しんだものかをまず確認する必要があります。実際の指導では，スモールステップで文字と音声と意味をつなげていきます。

1 読ませようとしている文は難しすぎないか

Q16でも説明しましたが，「読むこと」において小学校段階で求められることは，はじめて見る英語の文を読むということではありません。取り扱う簡単な語句や基本的な表現は，音声で十分に慣れ親しんだものでなければなりませんし，イラストや写真といった言語外情報を伴うということも，指導要領解説には明記されています。子どもたちの様子を見て「全然読めてないなぁ」と感じたら，まずは難しすぎる文を読ませてしまっていないかを確認してみることが大切です。

2 「読むこと」の具体的な指導方法は？

私自身も「読むこと」の指導はまだまだ手探りの状態ですが，6年生の授業で実際に指導している方法や気をつけていることについて紹介します。まず，読むことを中心にした活動は，様々な活動を通して語句や表現を聞いたり話したりした後に行うので，単元中盤以降に行うことが多いです。また読む英文は，単元終末の言語活動で子どもたちが使ってほしい語句や表現の入った例文です。これは，スピーチや発表に向けて子どもたちが練習して話せ

るようになってきた十分慣れ親しんだ表現だからです。授業での具体的な学習の流れの一例は以下の通りです。スモールステップで指導を行い，多くの子どもが「読めた」という実感をもてるように心がけています。

①教師が絵や写真を見せながら英語で話すのを聞く。
　読むことは，音声と文字と意味をつなげる作業だと私は考えています。そのため，最初に意味や内容を全体で確認します。

②教師が範読し，子どもは英文を指で追いながら聞く。
　①で話した内容が印刷された紙（右下）を配布し，英文を指で追いながら教師の範読を聞きます。

③教師は変化をつけて何度か範読し子どもは英文を指で追いながら聞く。
　同じ作業の繰り返しは飽きてしまうので，読むスピードを早くしたり遅くしたりしながら，何度か範読します。

④教師が一文だけ読み，それが何文目のことを言っているのかを当てる。
　例文の中から一文だけを選んで教師が読み，何文目かを考えます。

⑤英文を指で追いながら，子どもが何回か読む。
　ここまできてようやく子ども自身が読みます。定着の度合いなどを見ながら，何回読むかは決めるとよいでしょう。

⑥全員起立して読む。読み終わったら着席して2回目3回目を読む。
　チェックすることも踏まえて，起立して読ませます。読み終わって着席した児童は，2回目3回目を読むことで，読み終わってない子の心理的負担を減らします。

⑦番号を聞き，その番号の英文を読む。
　教師がランダムに番号を言って，その番号の英文を子どもが読みます。慣れてきたら，子ども同士のペアで問題を出し合います。

理想の夏休み紹介の例文を読んでみよう。
① I went to the amusement park.
② I went to Universal Studio Japan.
③ I enjoyed riding attractions.
④ It was exciting.
⑤ I ate a hamburger.
⑥ It was cute and delicious.

Question 31 学習評価は何のために 行うのですか？

Answer 学習評価は，成績をつけるためだけではなく，児童自身がどれぐらいできているかを知って学習活動を調整したり，教師が単元計画や指導方法などを改善したりするために行うものです。

1 学習評価は何のため？

　令和2年3月に国立教育政策研究所から出された『「指導と評価の一体化」のための学習評価に関する参考資料【小学校外国語・外国語活動】』（本書では，これ以降『参考資料』と表記）では冒頭，学習評価について次のように説明されています。

> 児童生徒の学習状況を的確に捉え，教師が指導の改善を図るとともに，児童生徒が自らの学びを振り返って次の学びに向かうことができるようにするためには，学習評価の在り方が極めて重要である。(p.3)

　これを読むと，学習評価というのは，決して成績をつけるためのものではなく，ましてや「英語ができる子」「英語ができない子」といったレッテルを貼るためのものでもないということがわかります。あくまで子どもがつけるべき資質・能力を身につけられるように，教師が指導を改善したり，子ども自身が学びを調整したりするためのものだということです。特に教師側としては「指導と評価の一体化」が求められています。

2 総括的評価と形成的評価

評価という言葉を聞くと，どうしても「テスト」や「通知表」を思い出してしまいますが，それは評価の一部です。「評価」には「診断的評価」と「形成的評価」と「総括的評価」の３つがあります。「診断的評価」は，単元前の子どもたちの状態を知るためのもので，レディネステストなどがこれにあたります。「総括的評価」は学期末や単元末に児童が目標をどのくらい達成したかを確認するための評価で，単元末テストや指導要録などが総括的評価にあたります。それに対して，「形成的評価」は指導の途中でそこまでの成果を把握し，その後の学習を促すために行う評価のことです。児童は自分自身がどれだけできているかを知り学習活動を調整し，教師は単元計画や指導方法などを改善できます。前ページの参考資料を見ると，指導と評価の一体化のためにはこの「形成的評価」が重要視されていると考えられます。目標を達成するためには形成的評価をして，フィードバックを返していくことが大事だからです。また，形成的評価には，小テストを行ったり観察した様子を記録簿につけたりするような「記録に残す評価」だけでなく，その場で子どもの学習状況を見取ってすぐにフィードバックを返していくような「記録に残さない評価」も含まれていると考えられます。こうした形成的評価は，教科化された外国語科だけでなく，外国語活動でももちろん行っていくべきことです。

事前準備

授業準備

授業内容

指導方法

評価・テスト

仕事術

Question 32 評価は，3観点か4技能5領域どちらでするのですか？

Answer 学習指導要領では英語の目標が4技能5領域で示されていますが，総括的な評価をする際には3観点での評価をします。

1 「英語」の目標は4技能5領域で示されている

　学習指導要領の「外国語活動」「外国語科」の目標は3つの観点（①知識及び技能，②思考力・判断力・表現力等，③主体的に学習に取り組む態度）で書かれています。しかし，その下位項目の「英語」の目標は，外国語科では4技能5領域（「聞くこと」「読むこと」「話すこと［発表］」「話すこと［やり取り］」「書くこと」）で示されており，外国語活動では「読むこと」「書くこと」を除いた2技能3領域で示されています。どちらで目標を記述するか迷うところですが，『参考資料』には下記のように書いてあるので，目標は基本的に4技能5領域（外国語活動は2技能3領域）で表すと考えておけばよいでしょう。

> 五つの領域別の「学年ごとの目標」は，「五つの領域別の目標」を踏まえると，各々を資質・能力の三つの柱に分けずに，一文ずつの能力記述文で示すことが基本的な形となる。(p.38)

　では，評価も4技能5領域ごとにすればいいのかというとそうではないので注意が必要です。

2 評価規準は３観点で作成する＝評価は３つの観点で行う

> 一方で，五つの領域別の「学年ごとの目標」に対応する「学年ごとの評価規準」は，「内容のまとまり（五つの領域）ごとの評価規準」を踏まえて，３観点で記述する必要がある。(p.38)

『参考資料』にはこのように書かれており，評価規準については領域ごと３観点で書くことが示されています。つまり，目標は４技能５領域で示すけれども，評価はあくまで３観点で行うということになります。

3 １年間を通して５領域×３観点を見取っていく

単純に考えると，外国語科の場合は，５領域×３観点＝15項目について評価をしていくということになります。これは，細かく分かれているので視点がはっきりしている反面，少し複雑になってしまっているようにも思われます。しかし，この15項目全てを１つの単元で評価していくのではなく，単元の言語活動や子どもの実態などを考慮しながら，２年間を通じて軽重をつけながら指導と評価をしていくと考えた方がよいでしょう。具体的には各単元において，「重点的にどの領域に力を入れるか，単元計画を考える段階ではっきりさせておく」「１つの活動を評価する際でも，規準をはっきりさせておき，思考・判断・表現と主体的に学習に取り組む態度の両観点を一体的に見る」といった工夫をするとよいでしょう。

	知識・技能	思考・判断・表現	主体的に学習に取り組む態度
聞くこと	1	2	3
話すこと[発表]	4	5	6
話すこと[やりとり]	7	8	9
読むこと	10	11	12
書くこと	13	14	15

事前準備

授業準備

授業内容

指導方法

評価・テスト

仕事術

Question 33 評価規準とは何ですか？

Answer 観点別学習状況を評価するためのもので，各観点でどのような力が子どもにつけばよいのかを具体的に示したものです。

1 評価規準とは…

『参考資料』のp.3では評価規準を次のように説明しています。

> （観点別学習状況の評価は）児童生徒が各教科等での学習において，どの観点で望ましい学習状況が認められ，どの観点に課題が認められるかを明らかにすることにより，具体的な学習や指導の改善に生かすことを可能とするものである。各学校において目標に準拠した観点別学習状況の評価を行うに当たっては，観点ごとに評価規準を定める必要がある。評価規準とは，観点別学習状況の評価を的確に行うため，学習指導要領に示す目標の実現の状況を判断するよりどころを表現したものである。

つまり「評価規準」とは観点別学習状況を評価するためのもので，「知識・技能」「思考・判断・表現」「主体的に学習に取り組む態度」の3つの観点ごとに定めます。「知識・技能の観点では，子どもにはこういう力がついてほしいね」というように，単元目標を観点ごと子どもの姿で具体的に示したものだといえるでしょう。こうした評価規準を，単元ごとに設定していくことが，「指導と評価の一体化」を目指すことにつながっていきます。

2 単元の評価規準の具体例

　6年生の Unit 1の自己紹介がテーマの単元の［話すこと（やり取り）］を例にとると，評価規準はどのように設定されるでしょうか。

[単元目標]　　　　　　　　　　　　　　※話すこと（やり取り）の目標のみ

　自分のことをよく知ってもらったり相手のことをよく知ったりするために，名前や好きなこと，誕生日などについて，伝え合うことができる。

[評価規準]

	知識・技能	思考・判断・表現	主体的に学習に取り組む態度
話すこと（やり取り）	〈知識〉【言語材料】について理解している。〈技能〉名前や好きなこと，誕生日などについて，【言語材料】を用いて，自分の考えや気持ちなどを伝え合う技能を身につけている。	自分のことをよく知ってもらったり相手のことをよく知ったりするために，自分や相手の名前や好きなもの，誕生日などについて，お互いの考えや気持ちなどを伝え合っている。	自分のことをよく知ってもらったり相手のことをよく知ったりするために，自分や相手の名前や好きなもの，誕生日などについて，お互いの考えや気持ちなどを伝え合おうとしている。

【言語材料】は I'm ～. I like ～. I can ～. My birthday is ～. 月日の単語など

　上記のように，それぞれの技能において，単元を通してどういう子どもの姿を目指すのかを，3観点で整理したような形になります。これは私が『参考資料』を参考に作成したものですが，他にも様々な事例が『参考資料』では詳しく紹介されています。国立教育政策研究所の HP からもダウンロードできるので，そちらを参考にしてみるのもよいでしょう。

（https://www.nier.go.jp/kaihatsu/shidousiryou.html）

事前準備

授業準備

授業内容

指導方法

評価・テスト

仕事術

Question 34 3つの観点ではそれぞれ，どういった表れを見取ればよいのですか？

Answer 「知識・技能」では言語材料が身についているかどうかを中心に，「思考・判断・表現」では目的・場面・状況を意識して伝えているかどうかを中心に，「主体的に学習に取り組む態度」では伝え合おうとしているかを中心に見取っていきましょう。

1 知識・技能では

	知識・技能	思考・判断・表現	主体的に学習に取り組む態度
話すこと（やり取り）	〈知識〉【言語材料】について理解している。〈技能〉名前や好きなこと，誕生日などについて，【言語材料】を用いて，自分の考えや気持ちなどを伝え合う技能を身につけている。	自分のことをよく知ってもらったり相手のことをよく知ったりするために，自分や相手の名前や好きなもの，誕生日などについて，お互いの考えや気持ちなどを伝え合っている。	自分のことをよく知ってもらったり相手のことをよく知ったりするために，自分や相手の名前や好きなもの，誕生日などについて，お互いの考えや気持ちなどを伝え合おうとしている。

【言語材料】は I'm 〜. I like 〜. I can 〜. My birthday is 〜. 月日の単語など

　前ページの6年生の Unit 1の評価規準を基に考えていきます。「知識・技能」は，「【言語材料】を理解していて（知識），その知識を話す時に使えているかどうか（技能）」を見ます。ここでのポイントは，他の2観点にある，「自分のことをよく知ってもらったり相手のことをよく知ったりするため」という目的が入っていないということです。この観点では，相手のことを考

えて話しているかどうかではなく，単元の中で学んできた語句や表現を使って話せているかといった点を中心に見取ることになるでしょう。

2 思考・判断・表現では

　一方で思考・判断・表現の観点では，「自分のことをよく知ってもらったり相手のことをよく知ったりするため」という目的が入っていることがポイントです。これは，「目的や場面，状況などを理解して，それに応じたコミュニケーションを行う」という外国語活動・外国語科の思考力・判断力・表現力等の目標を反映しています。この観点では正確さ以上に，目的・場面・状況を意識して話したり聞いたりしたかということを見取ることになります（ただし，習った表現が使えずコミュニケーションに支障があるようであれば，伝え合っていることにはならないので，ある程度の正確さは必要となるでしょう）。具体的には，自己紹介をする時に "I like soccer." だけでなく "It's fun." とさらに詳しく話したり，自己紹介を聞いた後にさらに相手のことを知ろうと "What food do you like?" と追加の質問をしたりするような表れがあるかを見取ることになります。

3 主体的に学習に取り組む態度では

　「思考・判断・表現」と「主体的に学習に取り組む態度」の文言はほとんど同じです。では，違いは何でしょうか。文末の「伝え合っている」と「伝え合おうとしている」です。つまり，この観点では，実際に伝え合えているかどうかではなく，話し手の子どもが他者に配慮しながら伝え合おうとしているかどうかを見取るということです。伝わったかどうかでなく，その子が目的・場面・状況などに応じて，相手のことを考えて話していたかという，内面的な部分も評価対象となるので，授業中の様子だけでなく，振り返りカードなどもうまく使って見取る必要があるでしょう。

事前準備

授業準備

授業内容

指導方法

評価・テスト

仕事術

Question 35 「知識・技能」の観点では，発音の正確さや文法の正しさまで評価しますか？

Answer

知識・技能の観点では，「音声」の内容について指導はするものの評価規準には入れないということになっています。また，「文法事項」は中学校の指導内容なので，これも評価の対象にはなりません。

---

1 発音の正確さの指導はするが観点別評価の規準にはしない

『参考資料』のp.30には「知識・技能」の観点における評価規準のポイントとして以下のことが明記されています。

> また，小学校学習指導要領「2　内容〔第5学年及び第6学年〕」の〔知識及び技能〕における「（1）英語の特徴やきまりに関する事項」に記されている「音声」の特徴を捉えて話すことについては，それ自体を観点別評価の規準とはしないが，ネイティブ・スピーカーや英語が堪能な地域人材を活用したり，デジタル教材等を活用したりして適切に指導を行う。

これは，発音や強勢やイントネーションといった「音声」に関する内容については，指導は行うが評価はしないということを示しています。つまり，ALTやデジタル教材を使い正しい発音を聞かせる指導や，発音が間違っていた時に形成的評価をして暗示的フィードバックを返すような指導はしても，成績に反映させるような総括的な評価はしないと考えるとわかりやすいです。ただ実際には，カタカナ読みでたどたどしい発音の子と，発音や強勢を意識

して話している子が同じ評価でいいのかと悩むことがあります。そういった時は，「音声面で難があっても減点はしないが，音声面で顕著な表れがあれば加点する」というように加点方式で捉えるようにしています。

また，ここでいう「音声」には，アルファベットの読み方（名称読み）については含まれていません。文字の名称を聞いてその文字を選んだり，文字を見てその名称を発音したりすることについては技能として身につける必要があります。つまり指導も総括的な評価もすることになるので注意が必要です。

2 文法事項は中学校の内容なので，評価の対象とはならない

Q18でも触れましたが，小学校段階では，「文および文構造」を取り扱うのであって，文法事項だけを取り出して指導するということは求められていません。指導をしないということは，評価の対象ともなりません。例えば，下記のようなやり取りがあったとします。

A：What animal do you like?　　B：I like cat.

ここでBは，"I like cats." と言うべきところを "I like cat." と言っており，複数形のsが抜けています。しかし，この複数形のsを「文法事項」として捉えると，この間違いは評価の対象とはなりません。つまり，Aの質問に対して好きなものをきちんと答えているので，sがついていないからといって技能が身についていないということにはならないということです。ただし，指導を全くしなくてもよいというわけではなく，"Oh, You like cats." など教師が正しく言い換えるなどして間違いに気づかせる手立ては必要です。

このように知識・技能はすべてを総括的評価の対象に入れるということにはなっていません。音声や文法が間違っているという理由で減点していくことで，子どもが自信をなくしすぎないように気をつけたいところです。

事前準備

授業準備

授業内容

指導方法

評価・テスト

仕事術

Question 36 「主体的に学習に取り組む態度」が わかりにくいのですが…

Answer 主体的に取り組む態度は，「粘り強い取組を行おうとする側面」と「自らの学習を調整しようとする側面」の２つの側面から評価していく必要があります。

1 主体的に学習に取り組む態度は２つの側面から捉える

『参考資料』では，「主体的に学習に取り組む態度」について以下のように説明されています。

①知識及び技能を獲得したり，思考力，判断力，表現力等を身に付けたりすることに向けた粘り強い取組を行おうとしている側面
②①の粘り強い取組を行う中で，自らの学習を調整しようとする側面という二つの側面を評価することが求められる。

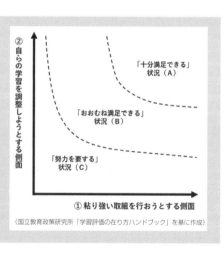

（国立教育政策研究所「学習評価の在り方ハンドブック」を基に作成）

①の「粘り強い取組を行おうとしている側面」についてはＱ34で例示したように，言語活動の際に「目的・場面・状況などに応じて，他者に配慮してコミュニケーションを図ろうとしたか」を見取ればよいと思います。

事前準備

授業準備

授業内容

指導方法

評価・テスト

仕事術

2 自らの学習を調整しようとする側面とは

　自らの学習を調整するためには「①言語活動に向けた学習の見通しを持つ→②言語活動や練習活動をする→③自分の学習を振り返る→④自分の学習を自覚的に捉える→⑤学習を調整する→①'言語活動に向けた学習の見通しを持つ→②'…」というように，子ども自身がメタ認知を働かせながら自分の学習を俯瞰的に見て，学習を調整していくことが必要となります。

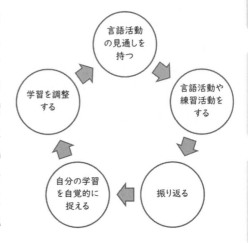

　このような，自ら学習の調整をしているかどうかというのは，１時間の授業ではわからないので，単元や学期や年間といった，より長いスパンを評価対象とする必要があります。また，子ども自身が学習を自己調整できる余地が授業の中にあるかどうかという点も非常に大切です。すべてを教師が管理しているような授業だと，そもそも子どもたちが学習を調整する必要性はありません。授業や単元の中に，子ども自身が学習の進め方や目標を決められる（または選択できる）授業デザインを考える必要があります。

　この「自らの学習を調整しようとする側面」を評価していくには，子どもの授業中の様子を観察するだけではなかなか見取ることが難しいので，振り返りシートを上手く活用していくことも必要でしょう。振り返りシートを書くことで，教師が子ども自身の学習の捉え方を把握することができますし，子どもたち自身も自分の学習を振り返り，学習を自覚的に捉えるきっかけを与えることにつながります。

Question 37 業者テストは購入しなければいけませんか？

Answer 単元末に単元でつけたい力がついたかどうかをみるためには，単元ごとにテストを実施することが望ましいと思います。ですが，業者テストに限らず，指導書付属のものを使ったり，自作したりすることも可能です。

1 ペーパーテストは必要か？

外国語科は教科になるので，最終的に単元でつけたい力がついたかどうかを評価する必要があります。スピーチなどの単元終末の言語活動を見取ることで「話すこと」については評価することができますが，特に「聞くこと」についてはそれだけでは評価することが難しいです。もちろん単元途中でのリスニングの様子を見取ることは可能ですが，それはあくまで途中段階での評価（形成的評価）になるので，最終的にどこまでできるようになったのか（総括的評価）はわかりません。これを見取るためのペーパーテストは必要だと私は考えています。

2 それぞれのメリット・デメリットを考えて選ぶ

ペーパーテストは，必ずしも買わなければならないというわけではありません。大きく分けて，①教材会社のテストを購入する，②指導書付属のテストを利用する，③自作するという3つの選択肢があります。それぞれ，どのようなメリット・デメリットがあるのでしょうか。

	①業者テスト	②指導書付属	③自作テスト
メリット	作成する必要がない 印刷する必要がない カラー刷りで見易い リスニング音源あり	作成する必要がない 購入しなくてよい リスニング音源あり	指導内容にあった評価問題が作成できる 購入しなくてよい
デメリット	購入する必要がある 指導内容と一致していない場合がある	印刷する必要あり 教科書の内容をアレンジするとテスト内容と一致しなくなる	リスニング音源なし 印刷する必要がある 作成する必要がある

　上表を見ると，作成したり印刷したりする手間を考えると，購入費用の問題さえクリアできれば，業者テストを選択することのメリットが大きいように思います。ただ，業者テストを選ぶ際には，デメリットにある「指導内容と一致しているかどうか」という点はよく考慮してください。指導していないことまでテストに出ていたのでは困りますし，テストに出ているからここを指導しておこうとテストのための指導になってしまうのも本末転倒です。あくまでテストは，指導したことがきちんと身についているかどうかをみるためのものですので，テスト選びは慎重にした方がよいです。私自身は，指導書付属のテストを修正したり，自作問題を加えたりしたオリジナルのテストをつくり実施しています。単元を通しながら指導内容に合わせて評価問題を修正できるのは大きなメリットだと感じます。一方で，リスニングの音声まで用意しなければならないのはなかなか手間のかかる作業です。

　こう考えていくと，どのテストがいいかということは単純に決めることができません。最終的にはそれぞれのメリット・デメリットを考慮に入れながら，英語専科の先生方自身が扱いやすいものを選ぶ必要があるでしょう。

事前準備

授業準備

授業内容

指導方法

評価・テスト

仕事術

Question 38 日々の授業ですべての子を評価することができません…

Answer すべての評価を記録しようと考えずに，記録に残す評価については評価場面を精選しましょう。

1 すべての評価を記録に残さなければならないわけじゃない

　毎時間の授業で，30人以上の子ども全員の学習状況を把握するということは，かなり難しいです。また成績のために評価の資料を集めることが目的になってしまっては，子どもに力をつけることにはつながりません。日々の授業では，主に「記録に残さない形成的評価」を意識するとよいです。これは，活動中の子どもの様子を観察し，躓いている子どもや困っている子どもを把握したらその子にすぐに支援をしたり，つまずきが多く見られる箇所については全体で指導をし直したりする，というようなことです。「評価＝成績をつけること」ではないので，こういった「記録に残さない形成的評価」も行い，随時フィードバックを子どもに返したり，自身の授業を見直したりすることがとても大事です。

形成的評価
- 記録に残さない評価
- 記録に残す評価

総括的評価
- 記録に残す評価

形成的評価の記録に残す評価は，そのまま成績に反映させるためのものではなく，単元終末の総括的評価の際にすべての子が単元目標に到達できるようにするためのものであることを押さえておきたい。単元途中で一度記録に残す評価をし，単元目標に十分到達していない子の支援を考えるというのが目的である。

2 記録に残す評価の場面を精選する

　記録に残す評価については，場面を精選して計画的に行う必要があります。とはいえ，記録に残す評価のうち，総括的評価は基本的に単元終盤のテスト等で行うので，形成的評価の場面の精選が重要です。具体的には，単元終末の言語活動で必ず使う語句や表現がどこまで身についているかを形成的に評価する場面を，単元中盤で一度はつくるように意識するとよいと思います。

3 記録に残す形成的評価をどのような方法で行うか

①全員が活動するゲームなどの中で見取る。

　タイムトライアル（クラスで１人ずつ英単語を言っていき全員が言えたタイムを記録する）や，アルファベットカード並べ（カードをA～Zまで順に並べる）といった，全員が発話などの活動をするゲームの中で見取るというのは，子どもの緊張感も少なく学習状況を把握できる方法です。特に中学年の外国語活動では，こういった方法が適しているでしょう。

②教科書のリスニング教材やワークシートから見取る。

　教科書のリスニング教材への取組の様子を見るのもよいです。そこまで難しいものは少ないので，特につまずいている子を中心に名簿等にメモしておき，それ以降の授業でフォローしていけるようにしたいですね。授業後に回収してチェックしたい場合にはワークシートを活用するとよいでしょう。

③小テストから見取る。

　小テストを行うことは賛否がありそうですが，確実に学習状況を把握したい場合には行うことも選択肢の１つとしてあってよいと思います。ただし，その場合には，第４時→第６時→第８時というように単元で３回行うなどして，子どもが自分自身の成長を感じられるように工夫したいです。

事前準備

授業準備

授業内容

指導方法

評価・テスト

仕事術

Question 39 外国語活動の所見文を書くときに
注意していることはなんですか？

Answer 事前に単元目標から所見文例を作成しておき，単元ごとに顕著な表れがあった子どもについて合致した所見文例を選ぶようにしています。学期末には，その中でも最もその子のよさが出ているものを通知表や要録に記載するようにします。

1 子どもの記録を単元ごとに蓄積していく

　外国語活動の所見文は，各学期に通知表に記載する学校が一般的かなと思います。担任の先生だと，学期末になって，急いで子どものワークシートなどを回収して，学期中の子どもの学習を思い出しながら所見文を考える先生もいるかもしれません。しかし，専科として何百人の成績をつける際に，そのやり方をしていると学期末の仕事量が膨大になってしまいますし，そもそも一人ひとりの活動の様子をはっきり思い出すことが難しいでしょう。ですので，よい子どもの表れの記録を単元ごとにつけ，それを蓄積していくことがとても大事になってきます。

2 3観点に合致した基本の所見文例をいくつかつくっておく

　通知表の外国語活動の所見は，担任が記入する総合所見とは少し違うと私は思っています。総合所見では，子ども一人ひとりのよさがわかるように，その子ならではのエピソードも交えながら，かなり具体的に記入することが多いです。しかし外国語活動では，全員が同じ単元目標に向かって，基本的には同じ学習活動をするので，子どものよい表れもどうしても似通ってしま

います。ですので，こうした所見文に無理に個人差をつける必要はないのではないかというのが私の考えです。私の場合は，「こういう表れが見られたらいいな」という例文を観点ごといくつかつくっておき，よい表れが見られたら，その中から選ぶという書き方をしています。

3 所見文は単元目標と対応したものにする

　所見文例自体が，単元目標に合致していることは重要です。例えば，文部科学省テキスト「Let's Try 2」の Unit 5「おすすめの文房具セットをつくろう」の単元目標とそれを反映した所見文は以下のようなものが考えられます。

	知識及び技能	思考力，判断力及び表現力等	学びに向かう力，人間性等
単元目標	文房具などの学校で使う物や持ち物を尋ねたり答えたりする表現に慣れ親しむ。	文房具などの学校で使う物について，尋ねたり答えたりして伝え合う。	相手に配慮しながら，文房具など学校で使う物について伝え合おうとする。
	知識・技能	思考・判断・表現	主体的に取り組む態度
所見文例	Unit 5 ではお店屋さん形式で文房具カードを売り買いしました。英語でやりとりする中で，文房具などの学校で使う物を尋ねたり答えたりする表現に慣れ親しむことができました。	Unit 5 ではお店屋さん形式で文房具カードを売り買いしました。相手が喜ぶ文房具セットはどんなものかを考え，"Do you have〜?"の表現を使って文房具カードを集めました。	Unit 5 ではお店屋さん形式で文房具カードを売り買いしました。文房具セットを渡す相手が喜ぶようにと，"Do you have〜?"の表現を使って，積極的に文房具を集めようとしました。

　必ずしも1つの単元で全員の顕著なよい表れが見られるとは限らないので，顕著な表れが見られなかった子どもについては，次の単元で積極的に支援に入るように心がけるなど，指導に生かしていくことも大事です。

事前準備

授業準備

授業内容

指導方法

評価・テスト

仕事術

高学年

Q(uestion) 40 単元終末の言語活動はどのように評価したらよいですか？

A(nswer) ルーブリックを使って，評価基準をはっきりさせて評価するとよいです。またルーブリックを事前に子どもに渡すことで，子どもが自分でパフォーマンスをよりよくすることを促すこともできます。

1 ルーブリックを使った評価

　単元終末の言語活動では，ルーブリック（評価基準表）を使った評価をするとよいです。ルーブリックとは，評価規準で観点ごと示した単元でつけたい力を，どのような子どもの表れが見られれば単元目標を達成したと考えるのか（評価基準）を表に示したものです。例えば，「おすすめの都道府県を紹介しよう」という単元であれば，次ページのようなルーブリックが考えられます。必ずしも３観点×３段階でなくてもよいです。

2 ルーブリックを使った評価の留意点

　ルーブリックを考える際には，できるだけ具体的に考えておくことが重要です。次ページのルーブリックの「思考・判断・表現」を例にすると，例示文と同じ三文で話せたらB評価，それに加えてさらに自分でもう一文以上考えて話せたらA評価というように，どの程度までできたらBやAになるのかをはっきりさせておきます。そうすることで，教師側も評価がしやすくなりますし，フィードバックを返される子どもとしても納得感が増します。実際には，このルーブリックだけでは評価できない部分もあります。例えば「イ

ントネーションや強勢にとても気をつけて話せている」といった音声面や，「相手に質問をしながら話をする」といった即興性に関わる部分についてはこの中には入っていません。そのため，そういう表れが見られた際には，名簿などにメモをしておき，加点的に評価するとよいと思います。

観点	知識・理解	思考・判断・表現	主体的に学習に取り組む態度
評価規準	"～is….", "You can～.", "It's～.", 様子や味を表す語句などを用いて，自分の考えや気持ちなどを話す技能を身に付けている。	自分のことを伝えるために，おすすめの都道府県とその理由について，自分の考えや気持ちを話している。	自分のことを伝えるために，おすすめの都道府県とその理由について，自分の考えや気持ちを話そうとしている。
A	これまでに習った語句や表現を使って正しく話すことができている。	都道府県のよさが伝わるように，おすすめの都道府県とできることと理由を4つ以上話している。	相手に伝わりやすくするために，相手に配慮して，声や目線などを十分工夫して話そうとしている。
B	これまでに習った語句や表現を使って，相手に伝わる程度に正しく話すことができている。	都道府県のよさが伝わるように，おすすめの都道府県とできることと感想を3つ話している。	相手に伝わりやすくするために，相手に配慮して，声や目線などをある程度工夫して話そうとしている。
C	これまでに習った語句や表現を使って，話すことができていない。	おすすめの都道府県とできること感想を話していない。	相手に伝わりやすくするために，相手に配慮して，声や目線などにまったく気を付けて話そうとしていない。

3 ルーブリックを子どもと共有し自己調整学習を促す

こうしたルーブリックは子どもと共有することで，子ども自身が学習を調整することを促すことにも活用できます。「よいスピーチになるように練習しよう」と教師に言われても，子どもたちは何をどう頑張ればいいのかわかりません。このルーブリックを言語活動の準備の際に渡す（できれば子どもとともに考える）と，「Bを目指すために，もうちょっと詳しく話してみよう」と子ども自身がメタ認知を働かせて，自分の学習を調整することが可能です。そういった様子も「主体的に学習に取り組む態度」の「自らの学習を調整しようとする側面」として加点的に評価してあげるとよいでしょう。

事前準備

授業準備

授業内容

指導方法

評価・テスト

仕事術

Question 41　パフォーマンス評価とは何ですか？

Answer　単元終末の言語活動とは別にパフォーマンス課題を行い，その時の子どもたちのパフォーマンスを，ルーブリックなどを用いて評価する方法です。

1 パフォーマンス評価とパフォーマンス課題

「話すこと［やり取り］」の評価については，ペアになる相手によって条件が変わることも考えられるため，学期に１回程度のパフォーマンス評価において全児童を，条件を一定にそろえて見取ることも考えられる。

『参考資料』にはこのような記述があり，必要に応じてパフォーマンス評価を行うことが示されています。単元終末の言語活動の子どもの様子を評価すること自体がパフォーマンス評価であるという考え方もありますが，ここでは単元終末の言語活動とは別にパフォーマンス課題を行い，その時の子どもたちの様子を見取り評価することをパフォーマンス評価と考えます。パフォーマンス課題とは，

パフォーマンス課題とは，リアルな文脈の中で，様々な知識やスキルを応用・総合しつつ何らかの実践を行うことを求める課題です。

（京都大学大学院教育学研究科 E.FORUM より）

事前準備

授業準備

授業内容

指導方法

評価・テスト

仕事術

とあるように，これまでの各単元でつけた力を別の文脈で発揮するための課題だと考えればよいでしょう。単元内で十分に力が身についたかどうか見取りきれなかった場合や，学んだ知識・技能を統合して活用する力（主には思考力・判断力・表現力等）をさらに発揮させたい場合には，こういったパフォーマンス課題に取り組むとよいと思います。パフォーマンス課題も，Q40で紹介したようなルーブリックを用いて評価することが一般的です。

2 教科書のまとめ単元をパフォーマンス課題として活用する

　外国語科の教科書には，学期中に各単元で身につけた力を別の文脈で発揮するためのまとめ単元が既に用意されている場合も多いです（下表）。パフォーマンス評価を行う際には，1からパフォーマンス課題を考えるのではなく，こうしたまとめ単元とうまく結びつけて行うとよいでしょう。また業者テストの中には，パフォーマンス評価用に課題が用意されているものもありますので，そういったものを活用することもできると思います。ただし，子どもの実態や学習内容によってアレンジすることも場合によっては必要です。

教科書会社名	単元の名称	課題例（6年生）
東京書籍	Check Your Steps	外国の人にメッセージを伝えよう
開隆堂	Project	世界で活躍する自分をしょうかいしよう
三省堂	JUMP	自己紹介，聞いて！
学校図書	Project Time	小学校の思い出

　パフォーマンス課題やパフォーマンス評価について，より詳しい理論や方法を知りたい方はパフォーマンス評価に関する書籍も多く出ているので，そちらを参考にするとよいでしょう。（例：『Q＆Aでよくわかる！「見方・考え方」を育てるパフォーマンス評価（西岡加名恵：明治図書）』など）

Question 42 振り返りシートはどのようなものを使ったらいいですか？

Answer 子どもが振り返りやすいものであるかどうかを意識しましょう。形式としては，毎時間記述していくものや，CAN-DO リストを活用したものなどが考えられます。

1 子どもが自分の学びを振り返りやすいワークシートを

　振り返りを書くことで，子どもたちは学習を通してできるようになったことや，自分の学習の仕方のよいところや，まだまだ頑張らなきゃいけないところなどを意識することができます。それが，学習の達成感をより実感させたり，次の学習に向けて学習を調整させたりすることへとつながるのだと思います。まさに「学びに向かう力」を育てるためには必要な活動と言えるでしょう。振り返りを書くワークシートについては，色々な形式のものがありますが，一番大事なのは教師が評価しやすいということ以上に，子ども自身が振り返りやすいものになっているかという点だと思います。私自身も，振り返りシートについてはまだまだ試行錯誤をしている段階ですが，これまで使ってきたものの中から，子どもたち自身がうまく振り返れていたなと思うものをいくつか紹介します。

2 1単元を見通せるポートフォリオ形式のワークシート

　1つ目は，毎時間今日の学習で大事だったことや次にがんばりたいことを少しずつ記述していくというものです。このワークシートのよいところは，

単元全体を見通すことができるので，自分自身の成長を実感できるという点です。一方で，毎時間振り返りを書く時間を確保し，毎時間集めてチェックをするといった教師側の負担が大きいというデメリットもあります。

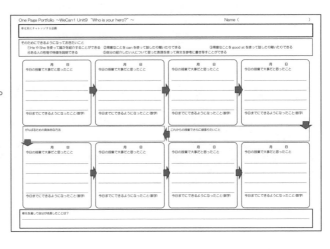

事前準備

授業準備

授業内容

指導方法

評価・テスト

仕事術

3 CAN-DO リストと記述式を組み合わせたワークシート

もう１つは，CAN-DO リストをつけ，記述して振り返る活動を１単元に３回としたワークシートです。右側のリストに色を塗る形で何ができるようになったかを毎時間振り返り，どのように学習したらできることが増えたかを２～３時間に１度，記述式で振り返るようにしています。CAN-DO リストが明示されていることで，今自分は何ができて，今後何ができるようになればいいかを意識することができます。一方，学習の仕方を振り返るためには，授業自体が子どもたち自身で学び方を選び考えるような授業になっていないとうまく振り返れないので，ここでも指導と評価の一体化を意識する必要があります。

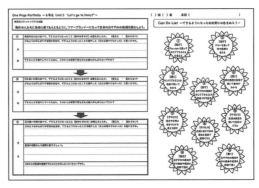

Question 43 担任の先生方とはどのように連携していけばよいでしょうか？

Answer クラスの子どもたちのよい表れを中心に共有することを心がけておきましょう。また，余裕がある時に担任の先生にも授業に少し参加してもらうのもよいでしょう。

1 情報交換しやすい関係をつくる

　英語の授業は，子ども同士の関わりが多い教科です。そのため，ちょっとしたトラブルが起きることもあるかもしれません。そんな時「あの子はどんな子なのかな？」「他の授業で何かあったのかな？」「最近の子どもたちの友達関係はどうかな？」と気になることもあるでしょう。そうした際に担任の先生と情報交換がすぐにできると，指導に生かすことができますよね。そのためには日頃から，担任の先生方と情報交換をしやすい関係を築いておくことがとても大切です。困った時だけ，「〇〇くんが授業中にうるさくて困っているんですけど…」と言われるのは，担任の先生にとってもあまりよい気分ではないでしょう。そうではなく，普段からクラスの子どもたちのよい表れを中心に伝えていると担任の先生方との関係性を築くことができ，何か困ったことがあった時にもお互いに話がしやすくなると思います。

2 時々でいいから授業を覗きにきてもらう

　口頭での情報交換をしても，なかなか授業中の様子が伝わらない場合は，少しだけでも授業を見に来てもらうというのもよいです。ただし，担任の先

生方にとっても貴重な空き時間であることが多いので、「後ろで丸つけして
いてもいいので、ちょっと見に来てもらえませんか？」と、指導に入っても
らうというよりはちょっと覗いてもらうという感じの方が、担任の先生にと
っても負担が少なくなります。子どもも普段通りの表れに近くなるでしょう。
授業を見てもらうことで、授業後には、授業中の具体的な子どもの表れをも
とに声掛けの仕方や指示の出し方などの支援方法を担任の先生と共に考える
こともできますね。

3 担任の先生にも授業に参加してもらう

　子どもたちとの信頼関係という点では、週1〜2回しか子どもに関われな
い英語専科は、毎日子どもに関わっている担任の先生にはかないません。私
自身の経験からも、「英語専科の先生の話題」以上に「学級担任の先生の話
題」の方が、多くのクラスの子どもたちは必要感や興味をもって活動に参加
することができます。1時間丸々、授業に参加してもらうのが難しい場合は、
授業の導入部分に参加してもらうとよ
いと思います。

　例えば、5年生の"can"を扱う授
業の活動では、担任の先生を答えにし
た「Who is he? クイズ」を出すのも
いいでしょう（右図）。このクイズで
は、担任の先生のできることやできな
いことをヒントに出しますが、子ども
たちもあまり知らない担任の先生の情
報を多く入れておくことで、子どもた
ちが担任の先生のことをよりよく知る
ためのきっかけにもなります。

事前準備

授業準備

授業内容

指導方法

評価・テスト

仕事術

Q_{uestion} 44 複数校勤務の際に考えなければなら ないことはなんでしょうか？

A_{nswer} 所属校と兼務校での授業以外の仕事については，少し軽重をつけて取り組みましょう。また，それぞれの学校で仕事を完結させるという意識をもつことも大事です。

1 所属校と兼務校で授業以外の仕事のウェイトを考える

　Q5の答えの中で，「複数校勤務では，あまり分掌がないことも多くあります。そういう場合は，無理のない範囲で学校に貢献できることを見つけるといいかなと思います」ということを書きました。しかし，これを所属校と兼務校の両方で同じ程度やろうとするのは，かなり大変です。特に1週間のうち，所属校に3日勤務し，兼務校に2日勤務するといった場合，兼務校で勤務できる時間というのは限られています。そういった場合は割り切って，『兼務校では授業と教材研究に関わる仕事に時間を使う』というスタンスでもよいと思います。例えば，兼務校での研修や会議なども，所属校で同じ研修や会議などを受けた場合は，兼務校では参加せずに授業準備をさせてもらうということもできるでしょう。もちろん，事前に兼務校の管理職から許可をもらっておく必要はあります。

2 それぞれの学校でそれぞれの仕事を完結させる

　基本的に所属校の仕事は所属校で，兼務校の仕事は兼務校で完結させましょう。理由の1つには，プリントの印刷に使用する印刷用紙などはそれぞれ

の学校で購入してあるということがあります。所属校で使うプリントを兼務校でプリントするのは NG です。もう１つは，どうしても仕事が煩雑になるということです。「所属校の仕事を，明日兼務校でやろう」と思って，兼務校勤務の日に仕事を繰り越したとしても，兼務校での仕事も終わりきらないと仕事がどんどん溜まっていき，どの仕事をどこまでやったかわからなくなりがちです。基本的には，それぞれの学校でできるところまでをやり，続きは次にその学校に来た時にやるという方が仕事を進めやすいように思います。ただ，どこまで仕事を終えたか，次学校に来た時に何をやるかをきちんと付箋紙などに書いておくとよいと思います。

3 大変な時は大変だと伝えよう

　英語専科のように，複数校を兼務する仕事を経験されている先生方は少ないです。管理職であっても，複数校を兼務することの大変さに気づかない場合もあるでしょう。だからこそ，本当に大変な時には「実はちょっと大変なんですよね」と管理職に伝えることは，とても大事だなと思います。

　私自身も，最初に英語専科になった１学期は自分で全てを抱え込もうとしてしまい，体力的にも精神的にも大変だった時期がありました。そんな時に所属校の校長先生が「何か困っていることはないか？」と聞いてくれて，自分の思っていることを話すことができました。校長先生は「気づいてあげられなくて，悪かったなぁ」と仰っていましたが，話す中で気持ちがだいぶ楽になった経験があります。またそれ以降も，定期的に心配事がないかを聞いてくれて，兼務校での問題であっても場合によっては窓口となって兼務校に連絡をしてくれることもありました。

　複数校兼務特有の大変さにはなかなかみんな気づけないので，自分から「大変なことは大変だと伝える」ということは大事なことだと思います。ただそのためには，英語専科に限らず職員一人ひとりの困り感を救ってくれる雰囲気が学校にあるかどうかといった点も大きいように思います。

事前準備

授業準備

授業内容

指導方法

評価・テスト

仕事術

Question 45 授業内で問題行動があった場合は どうするべきですか？

Answer 大きなトラブルが起きてしまった際には，子どもの安全を確保した上で，他の先生にも応援を求めることが必要です。まずは授業内で問題行動が起きにくい雰囲気をつくっていくことを心がけたいです。

1 授業中に起きたケンカにはどう対応するか

　英語の授業中に起きうる問題行動にはどんなものがあるでしょうか。英語の授業では様々なコミュニケーション活動を行うので，その中でケンカが起こることは考えられます。口喧嘩ならまだいいですが，取っ組み合いのケンカが起きた際には，まず該当児童を物理的に離させるなどして，子どもの安全を確保するということが必要でしょう。その上で，職員室の担任の先生などに応援を求めて，話を聞いてもらったりするのがよいでしょう。もしも誰かに応援に入ってもらうほどのケンカでなく，該当児童が自分の席で落ち着けるようであれば，「あとで話を聞くから，落ち着くまで自分の席で座っていよう」と声をかけるだけでもよいと思います。ケンカを起こしてしまった子どものことが気になるかもしれませんが，授業者である英語専科としては，全体の授業を進めることを第一に考えた方がよいです。

　ただ，トラブルが起きた原因は授業自体にあったのかもしれないという視点をもつことは大事です。授業後には対応に当たってくれた担任の先生などから話を聞いたり，場合によっては先生自身が子どもから話を聞いたりして，どうしてトラブルが起きてしまったかをはっきりさせましょう。必要に応じて，問題行動を起こした子どもをフォローしたり，先生自身が授業の流し方

を変えたりしていく必要もあるかもしれません。

2 「おやっ」という違和感を感じたら…

　はっきりケンカとわかるものであればいいですが，中には「イジメかも…」と思うような「違和感」を感じることもあります。例えば「ある特定の子にだけ厳しい言葉がかけられる」「いつもなかなかペアがつくれず孤立してしまう子がいる」といったような状況です。あからさまな暴言や悪口については，毅然と注意をすればよいと思います。暴言や悪口をあまりにスルーしてしまうと，子どもたちは「この先生は悪口を言っても怒らないんだな」と考え，どんどんエスカレートしていってしまう可能性があります。

　ただ「いつも孤立してしまう子どもがいる」という状況だけでは，なかなか指導はしにくいので，担任の先生に状況を伝えたり，普段の様子を教えてもらったり，他教科でペアワークをする際にはどうしているかなどを教えてもらったりと，様々な情報交換をしながら解決策を探っていく必要があります。英語専科だから感じる「違和感」というのは，担任の先生にとっても貴重な情報や見方であることも多いので，気になったことがあったら積極的に伝えてみましょう。

3 問題行動が起こらない授業づくりを

　問題行動が起こってからの対処方法以上に大事なのは，問題行動が起きにくい授業づくりです。そのためには，「友達の話はきちんと聞く」「相手の話したことにしっかりと反応する」「人が嫌な気持ちになることは言わない」といった学習ルールを，授業開きのような節目や，コミュニケーション活動を行う際に確認していくことが必要でしょう。また，学校全体で取り組んでいることや，学級目標などと関連させて指導していくことも効果的だと思います。

Question 46 授業のスケジュールや時数管理が 煩雑になってしまって困ります…

Answer 授業のスケジュールは常に見通しをもちながら計画的に立てていくことが大切です。時数については，エクセルなどを用いて管理していくと効率的です。

1 授業のスケジュール管理はスケジュール帳を上手く活用して

　授業のスケジュール管理には，教員用のスケジュール帳を使用される先生方が多いかと思います。有名なものとしては，ほめ言葉手帳（菊池省三：明治図書出版）や教師力手帳（齋藤孝：明治図書出版），スクールプランニングノート（学事出版）などがあります。紙媒体でなく，iPad のようなタブレット端末を利用してデジタルで管理してもよいでしょう。

　どんな方法をとるにせよ，大事なのはできるだけ先の見通しまでもっておくということです。極端な方法かもしれませんが，私の場合は，４月の段階で，時間割と年間行事計画を見て，スケジュール帳を１年間分すべて埋めてしまいます。これをしておくことで，１年間の見通しをもつことができます。

2 時数管理はエクセルをうまく活用する

　時数管理については，エクセルをうまく活用しましょう。エクセルには，COUNTIF という関数があります。これは指定した値の個数を数えてくれる関数で，これを利用することで楽に時数を計算することができます。右ページの写真では左側のスケジュールにある「北61」と書かれているセルの数を

数えたものが，北小の6年1組の横に「74」と表示されています。これによって標準時数を下回りそうな場合には，授業を追加で入れていくなどの調整をすぐにしやすくなります。

年月日	曜日	勤務校	1	2	3	4	5	6
4月6日	月	南		南61	南51	南41		
				UNIT1①	UNIT1①	UNIT1①		
4月7日	火	東南	東61	東62	東51	東52		
			UNIT1①	UNIT1①	UNIT1①	UNIT1①		
4月8日	水	北	北62	北41	北52	北51	北61	
			UNIT1①	UNIT1①	UNIT1①	UNIT1①	UNIT1①	
4月9日	木	北		北61	北42	北51	北52	北62
				UNIT1②	UNIT1①	UNIT1②	UNIT1②	UNIT1②
4月10日	金	東	東51	東52	東61	東62	東41	
			UNIT1②	UNIT1②	UNIT1②	UNIT1②	UNIT1②	
4月13日	月	南		南61	南51	南41		
				UNIT1②	UNIT1②	UNIT1②		
4月14日	火	東南	東61	東62	東51	東52	南61	南51
			UNIT1③	UNIT1③	UNIT1③	UNIT1③	UNIT1③	UNIT1③
4月15日	水	北	北62	北41	北52	北51	北61	
			UNIT1③	UNIT1③	UNIT1③	UNIT1③	UNIT1③	
4月16日	木	北		北61	北42	北51	北52	北62

時数管理					
北小		東小		南小	
6年1組	74	6年1組	70	6年1組	69
6年2組	72	6年2組	70		
5年1組	75	5年1組	70	5年1組	69
5年2組	75	5年2組	70		
4年1組	38	4年1組	37	4年1組	35
4年2組	37				

3 iPad を活用する際には Good Notes が便利

私自身は iPad の Good Notes 5というアプリを使ってスケジュール管理をしています（右図）。エクセルで作成したスケジュール帳を PDF に書き出して，授業の詳細や変更点をペンで書きこんでいます。紙のスケジュール帳に比べて，書いた文字をきれいに消せるため何度修正しても見づらくならなかったり，画像やスキャンした書類なども取り込むことができたりというメリットがあります。こうしたタブレット端末の活用を選択肢の1つに入れてもよいでしょう。

Question 47 ワークシートやテストをきちんと
見る時間がとれません…

Answer ワークシート類はチェックする必要があるものだけを回収するようにしましょう。テストについては，とにかくその日のうちに丸つけすることを心がけています。どうしても放課後に残したくない場合は，授業中に丸つけをするという方法もあります。

1 そのワークシート，本当に回収する必要ありますか？

　小学校英語の授業では，ノートを購入しないことが多いので，ワークシートを使うことも多くあると思います。しかし時間は限られています。子どもたちが書いたワークシートを全て回収してチェックしようとすると，授業準備や教材研究に十分時間を割くことができなくなったり，かなり残業をしなければならなくなったりします（そうすると，結果的に授業の質は落ちてしまいます）。まずは「このワークシートは回収してチェックする必要が本当にあるか？」という点を考えるようにしましょう。以下のようなワークシートだったら，あまり回収する必要はないかもしれません。

- ☐ クラス全員が同じことを一斉に書いているので中身がみんな一緒
- ☐ 回収しなくても，授業時間内にチェックすることが可能
- ☐ 教師がチェックしなくても，子ども自身でチェックが可能
- ☐ 回収してもみんなに同じスタンプや花丸を機械的に書くだけで，教師にとっても子どもにとっても効果的なフィードバックにならない

　逆に，一人ひとりの学習状況を把握したかったり，回収した後によい子ど

もの意見を全体に広めたかったり，一人ひとりにコメントを書くことで効果的なフィードバックを返したかったりする時などには積極的にワークシートを回収すべきだと思います。子どもが書いたものをなんでもかんでも回収しなければならないという思考から，コストパフォーマンスを考えながら軽重をつけるという思考へと転換することが必要です。

2 テストは実施した日のうちに採点する

　テストの採点をたくさん溜めこんでしまうと，1回に採点しなければならない量が増えていくので，なかなか大変です。またテストの返却が遅くなればなるほど，どんな問題をやったのかを子どもたちも忘れてしまうので効果的なフィードバックを返すことができません。そのため，基本的にはその日のうちにテストの採点を終えるというのを自分の中のルールにしておくとよいでしょう。

　どうしても放課後などに採点する時間がとれないという場合は，その日の授業時間内に採点して返却するということも可能です。ただしこれは，学級人数が多すぎず，ALT の協力が得られるという条件がつきます。具体的には，右図のように，テスト後に文字指導やリスニング指導などを ALT にお願いして，その間にテストの採点・記録をし，最後の5分で返却するという方法です。実際に私もこの方法でテストの採点・返却を行った

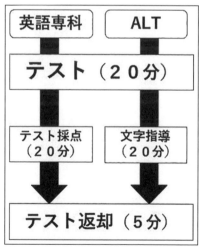

ことがありますが，採点時に焦りが生まれ採点ミスが増えやすいというデメリットもあるので，そういった点も考慮して，この方法をとるかどうか判断する必要がありそうです。

Question
48
代わりがいないので，年休をとりづらいのですが…

Answer 年休は権利ですので，年休をとるのに遠慮する必要はありません。担任に授業をお願いしたり，自習ができる準備をしておいたり，別の日に授業を入れるなどすれば大丈夫です。

1 年休をとることは問題ない

「自分の体調がよくない」「子どもが急に熱を出した」「子どもの行事に参加をしたい」といった様々な理由で年休をとって休まざるを得ないときはありますよね。しかし，英語専科は学校に1人しかいないので，なかなか休みづらいという状況も確かにあります。年休は権利なのでとること自体は全く問題ないのですが，休んだ時にできるだけ学校の負担が軽くなるような手立てを打っておくと，いざという時に休みやすいですね。

2 担任の先生と ALT に授業をやってもらうこともアリ

年休をもらい自分で授業ができなくなった際に，一番準備がいらないのは，時間割を変更してもらう方法です。年休をもらった時間の授業は担任に英語以外の授業をしてもらい，また別の日に英語の授業をさせてもらうというやり方です。これは非常に楽ですが，授業時数がギリギリの場合には，休んでしまうと時数が足りなくなってしまうということも考えられます。そして時数を増やすために，空き時間に授業をどんどん入れていくと，授業準備をする余裕がなくなってしまいます。

事前準備

授業準備

授業内容

指導方法

評価・テスト

仕事術

　もし，急な用事でない場合には，担任の先生と ALT の２人で授業を進め
てもらうというのが一番よいでしょう。いきなり担任の先生に言うと，拒否
反応を示される先生もいるので，そういう場合には管理職から話をしておい
てもらうのもよいと思います。

　事前に担任の先生と打ち合わせる
時間がとれればいいのですが，そう
でない場合は ALT に基本的な流れ
を説明しておき，あとは右のような
流れを書いた紙を渡すだけでもよい
と思います。ALT が T1，担任の先
生が T2という TT の方が混乱せず
授業を進めることができるでしょう。
英語専科が入っている学校では，先
生方の英語への関心が高くないこと
も多いので，こういった機会を逆手
にとって実際に担任の先生に授業に
参加してもらうことは非常に有意義
だと個人的には思っています。

3　自習体制がとれる準備を日頃からしておく

　事前に準備ができる場合には担任の先生にお願いすることもできますが，
急なお休みの場合はなかなか難しいです。そういった時には，子どもたちだ
けで進められるような自習用のワークシートや教材などを日頃から用意して
おくことも１つの手です。用意しておけば，職員室のロッカーなどに入れて
おき，年休をもらう際に「ロッカーに入っているプリントをやらせてくださ
い」と一言伝えるだけで済みます。

Question 49 効率的な教材づくりのコツはありますか？

Answer Power Point をよく活用しています。そのまま大画面に表示したり，印刷して絵カードにしたり，集約印刷をしてミニカードや Word List にしたりと汎用性が高いのが特徴です。また，一度つくった教材は次の年も使えるので，少しずつストックを増やしましょう。

1 英語の教材づくりには Power Point が欠かせない

教材づくりでは，Microsoft の Word と Power Point をよく使います。

Word はワークシート類を作成するのに使いますが，それ以上に，Power Point を使って教材を作成することが多いです（下図）。なぜなら，一度つくると様々な使い方ができるからです。まず，作成したものをそのまま大型 TV やプロジェクターに映せばフラッシュカードの代わりになります（①）。そして，集約印刷をしてカットすれば，ミニカードになります（②）。

こうしたカードは，カルタゲームやミッシングゲームなどの慣れ親しみの活動で活用することができます。さらに集約印刷をして１枚の紙にまとめればワードリストにもなります（③）。これは，ポインティングゲームや

書き写しの活動にも使うことができます。

①大きく映す　②カード教材　③ワードリスト

I go to Fukushima.

2 教材は来年度以降も使える！ストックを増やそう！

　教材づくりはなかなか骨の折れる作業ですが，一度つくってしまえば次年度以降も使用することが可能です。しかも，前年度の反省を生かして修正していくことで，どんどんよりよい教材になっていきます。英語専科に初めてなった年度や，教科書が変わった年度は，多くの教材研究や教材づくりをしなければなりませんが，その1年でストックをいかに増やせるかが次年度以降のゆとりをつくります。大変かもしれませんが，未来のための投資だと思って，教材づくりをしていけるといいですね。

3 教材をシェアし合えば負担は減る

　とはいっても，どこかで誰かがつくってくれてあるものがあれば，一からつくる必要はありません。著作権などに気をつける必要はありますが，市内外の英語専科同士で教材データを共有したり，教科書会社のHPや実践共有サイトを活用したりするなどして，つくらなくても教材を準備することができないかという視点をもつことも大切です。

Q uestion
50
子どもたちとの関係が
うまくつくれません…

A nswer 英語専科がそれぞれのクラスの子どもたちと関われる
のは週に１～２回の授業が中心です。授業の中で子どもを認めて
いき，焦らず少しずつ子どもと繋がっていきましょう。

1 子どもたちとの関係づくりも長期戦で

　子どもたちとの関係づくりは，なかなか難しい問題です。特に，異動して英語専科になった場合や，複数校兼務の場合はなおさらです。というのも，英語専科が子どもたちと関われるのは，週に１～２回の授業のみだからです。時間にすると高学年だったら１年間で45分×70コマ＝3150分です。これは学級担任が子どもたちと過ごす時間の約１ヶ月分程です。その短い時間で学級担任と同じように子どもたちとの関係をつくっていくことは大変です。子どもたちとの関係づくりには特効薬はないと思いますので，１年かけて少しずつ子どもたちと繋がっていくという意識をもつことが必要だと思います。

　そのためには，授業の中で子どもたちと関わっていくこと，認めていくことが大切です。当たり前のことかもしれませんが，その子なりによく頑張っている時に「頑張っているね」とか「いいね」と個別に声をかけて励ましたり認めたりしていくだけでも，子どもは「先生は僕のことを見てくれているな」と感じます。そのようなちょっとした積み重ねが大切です。

　私自身も１年目の前半はなかなか苦労しましたが，２年目は１年目に積み重ねてきた子どもとの関係の上で授業ができるので，だいぶスムーズに授業が進むようになりました。

2 きちんと注意をすることも必要

　一方で，注意すべきことをきちんと注意するということも必要です。授業を妨害したり，他の子に迷惑をかけたりする行為に対して，何も注意をせずにスルーし続けていくと，子どもたちの信用度は下がります。真剣に取り組みたいと思っている子の中には「この先生は私たちのことをちゃんと考えてくれていないな」と思う子ども出てきてしまうので，ダメなことにはダメと言うこともとても大切です。ただし授業中に注意ばかりしていると，迷惑な行為をしている一部の子どもだけが先生に関われるという状況にもなってしまします。そのため，注意する時にはできるだけ短く注意をしたり，人に迷惑をかける行為でなければ後で個別に声掛けをしたりするとよいでしょう。

3 教師が心を開くと子どもも心を開きやすい

　教師自身が自己開示をすることも大切だと考えています。これは教師自身が自分のことを話さないのに，子どもたちが心を開くということもないと思うからです。他教科だと授業中に自分のことを話すことはなかなか難しいのですが，幸運なことに小学校英語では Small Talk という活動があります。これをうまく生かして自分の意外なエピソードを紹介したり，写真などを見せながら自分のことを話したりするとよいと思います。そこで話したことをきっかけに休み時間に「僕も○○好きなんだよね」と話しにきてくれることもあります。

　ここまで子どもとの関係づくりについて書いてきましたが，英語専科は何百人もの子どもと関わります。中には，先生とうまく関係をつくれない子どもがいるのは当然だと私は思っています。もちろん繋がりをつくる努力をしていく必要はあるのですが，「他の先生との授業が楽しくやれているならいいかな」というぐらいの気持ちをもつことも必要かなと思います。

事前準備

授業準備

授業内容

指導方法

評価・テスト

仕事術

Question 51　単元計画をつくるのが大変なのですが，効率よく作成する方法は？

Answer　単元計画をつくっておくことは毎時間の授業を考える手間を減らすことにも繋がるので必要ですが，ゼロからでなく指導書をもとにするなど，既存のものを変更していく形でつくると負担は少ないです。

1 大変でも単元計画はやっぱり必要

　Q6で書いたように，英語専科として授業をする上で，新しい単元に入る前に単元計画を作成しておくことは必須の作業だと思っています。しかし，正直に言うと，私自身も英語専科1年目に単元計画を作成するのが間に合わずに，新しい単元の学習に入ってしまったことが何度かありました。その時の単元は，毎時間授業の流れをつくることになってしまい，教材準備や授業準備がギリギリになりとても大変でした。また，授業ごとのつながりが不自然になることもありました。こうした経験から2年目からは新しい単元に入る前に単元計画を簡単にでも作成するようにしていますが，それによって随分ゆとりをもって授業準備ができているなと感じます。単元全体のイメージをもっておくことはやはり大切なのです。

2 教科書付属の単元計画や授業案例を活用する

　単元計画を効率よく作成する方法は，文部科学省（中学年：外国語活動）や教科書会社（高学年：外国語科）で公開されている指導案例や年間指導計画をベースに作成することです（もちろん使い勝手がよいと感じれば，自分

で作成せずにそのまま使ってもよいと思います）。文科省テキストや教科書を用いて指導していけば，使用する教材や行う活動などはそこまで変わらないので，指導案例をそのままコピー＆ペーストした上で，活動を削ったり，入れ替えたりしながら単元計画を作成していくのが効率よいと思います。こうした作業は1年目が大変ですが，2年目以降は1年目につくった単元計画をもとに考え直せばいいので，かなり負担は小さくなっていくと思います。

3 単元計画は随時修正していくものなのでラフなものでも OK

　Q6でも書いたように，単元計画は随時修正されていくものです。完璧な単元計画を作成しなければならないと思うと気が重くなりますが，とりあえず自分がイメージをもてればよいので，単元でやる活動と順番と留意点がわかる程度のラフなものでもよいと思います。

　実際に単元が進んでいくと，思った通りに授業が進まない場合も出てきます。そんな時は，右の写真のように授業後に赤ペンで修正していけばよいのです。複数校兼務の場合は，1枚に何クラス分もメモしていると煩雑になっていくので，それぞれの学校ごとに単元計画を印刷しておくとわかりやすいと思います。

R2 5年生 UNIT4 単元計画 〜先生にできることやできないことをインタビューして，先生クイ…

[知]できること・できないことを伝える語彙や表現が身についている。[思]目的・場面・状況に応じて学習し…

1	2, 3	3	4
[Sounds and Letters] ・小文字の高さ 　　（ワークp32） [Small Talk : 先生のできること・できないこと] ※単元終末の言語活動（〇〇先生クイズを作って出し合おう。）を知り，単元の見通しを持つ。 [見通しをもつ] ・One Page Portfolioを使いながら，身につけたい力を確認する。 [Listening] ・Starting Out の音声を聞き，番号を書く。 [Word Link] 動作（1） ・フラッシュカードを使い発音確認や反復練習 ・自分ができるかを考えて can か can't をつけて言ってみる 　　（Small Talk 含む） [Let's Chant] I can swim.	[Let's Chant] I can swim. [Sounds and Letters] ・大文字と小文字 　　（ワークp33） [Let's Watch and Think] ・映像を見てできることを絵で紹介 [Word Link] 動作（1） ・復唱 I can … well の形で。 [Let's Listen1] 音声を聞いて，できることに〇，できないことに△をつける。 [Let's Play] ：できること BINGO） ・担任の先生のできることやできないことを考えて9枚カードを選ぶ。	[Let's Chant] I can swim. [Sounds and Letters] ・形の似ている文字① 　　（ワークp34） [Word Link] …も ・復習・ワードゲーム [Small Talk] Can you play the （楽器）？ [Let's Try②] 友達にできることをインタビューして，（ ）にできる人の名前を書こう。 [Let's Try④] インタビューしたことをもとに，友達のできることを書きそう。 [Reflection]	[Let's Chant] I can swim. [Sounds and Letters] ・形の似ている文字 　　（ワークp35 [Let's Listen2] 登場人物の話を聞いて，分かったことを四線に… [Let's Play] 有名人の職業とできる…と紹介をしよう。 ※Let's Try3の代… ・有名人の写真と名前とできることが書かれたカードを，一人一枚持ちそのカードに書かれた有名人を紹介し合う。 [Let's Read and Write] 有名人紹介のカードをもとに，紹介文を写し書きする。

SO
↓
LL
↓　I can
LP　I can't
I can
I can't もつけて
となりの人に記…

Question 52 子どもの名前を覚えられないのですが，どうしたらよいでしょうか？

Answer 私もすぐには覚えられませんが，子どもたちに正直に伝えて助けてもらうようにしています。また，名札をうまく活用するのもよいと思います。

1 できれば名前で呼んであげたいけれど…

　正直に言うと，私も名前を覚えるのがとても苦手です。この英語専科という立場になった時に，不安に思ったことの１つです。確かに授業で指名する時に「○○さん」と呼んであげた方がよいし，成績をつけたりするときに顔が思い浮かんだ方がつけやすいことは間違いありません。しかし，短期間で何百人の子どもの名前を覚えるのは不可能です（少なくとも私にとっては…）。

　ですので，私は４月の授業の最初に子どもたちに素直に言うようにしています。はっきりとは覚えていませんが「今年，たくさんの子どもたちと授業をしていて，名前覚えるまでに結構時間がかかっちゃうかもしれない。もしかしたら名前を間違って呼んじゃったり，呼び間違えちゃったりするかもしれないから，先生が困っていたら助けてくれるとうれしいな」というような感じで話していると思います。すると，子どもたちは「○○くんだよ，先生」「この漢字○○って読むんだよ」と案外教えてくれます。こんな風に，苦手なものは苦手と正直に言って，子どもに助けてもらうというのもありだと思います。ただし，名前をきちんと呼んでほしいという思いは子どもたちにあるので，間違えてしまったら「ごめんね」ときちんと先生が謝ることは

大事ですし，覚えようと努力することも大事です。

2 名札を見てもいいから名前をつけて指名する

　名前を憶えていくときに大事なのは，積極的に名前をつけて指名していくことだと思います。つまり，「はい，そこのあなた」と言ったりジェスチャーのみで指名したりするのではなく，「はい，○○さん」と呼ぶということです。私の場合は，各教室に移動しながら授業をしているので，たいてい机の前面に貼られている名札を見て名前を呼ぶようにしています（印刷された座席表を見て指名してもよいのですが，私の場合これだとちょっと時間がかかってしまうのです）。これを繰り返していくことで，徐々に子どもの名前と顔が一致してきます。

　英語教室があってそこに子どもたちが来る場合には，首からかけるタイプの名札をつけるようにするとよいと思います。4月最初の授業で，自分の名前を名札にローマ字で書かせて，自己紹介するのもいいですね。名札をつくる場合には名札を購入しておく必要があるので，年度初めの段階で各学年の予算の中に入れておいてもらいましょう。

3 動画を撮る際は名前がわかるように

　授業中に名前がわからなければ確認する方法がありますが，子どものやり取りやスピーチの動画を撮って放課後に評価をしようとした時に，「あれ，この子の名前何だっけ？」となると困ります。私も何度かこういったことがあり，担任の先生にその都度動画を見て確認してもらわなければなりませんでした。こうならないためには，「スピーチをする際に最初に名前を言ってからはじめる」「名札をつけて発表をする」「出席番号順にスピーチをする」といった工夫をする必要があるでしょう。

事前準備

授業準備

授業内容

指導方法

評価・テスト

仕事術

Question 53 忘れ物をする子が多くて困っています…

Answer 忘れ物をする子には，忘れたことを伝えに来た段階で，自分でどうすればよいのかを考えさせます。家に持ち帰る必要がなければ，教科書やワークなどは教室に置いておかせるのもよいと思います。

1 忘れ物をしない環境づくりを

教科書などの忘れ物をしないためにはどうすればいいのかというと，教科書などを持ち帰らせないこと（いわゆる，置き勉させること）です。置き勉をさせることに抵抗がある先生もいるかもしれませんが，2018年9月の文科省事務連絡「児童生徒の携行品に係る配慮について」の工夫例の中にも，

・宿題で使用する教材等を明示することにより，家庭学習で使用する予定のない教材等について，児童生徒の机の中などに置いて帰ることを認めている。
・教科用の特別教室で使用する学習用具の一部について，必要に応じて，特別教室内の所定の場所に置くことにしている。

とあるように，教科書類は必ずしも持ち帰らなければならないものではありません。私自身，小学校時代は忘れ物が多い子どもだったので，週に1回の外国語活動の授業で教科書を忘れてしまう子どもの気持ちも痛いほどわかります。毎時間忘れ物したことを怒られてマイナスの気持ちで授業がスタートするよりも，置き勉をすることで忘れ物せずにプラスの気持ちで授業がスタ

ートできた方がよっぽどよいと思います。

　置き勉以外にも，「家でやってくる宿題をできるだけ出さない（授業で完結させる）」「ワークシートはファイルに綴じさせる」「たまにしか使わない，なくなりそうな教材は教師が管理する」という手立てを打つことで忘れ物指導をする機会を減らすことができます。

2 それでも忘れてしまった場合は…

　ここまで書いてきたことは，担任の先生の考え方によってはできない場合もあります。例えば，「予定合わせをきちんとする習慣をつけたいから教科書を毎回持ち帰らせてほしい」「教科書をしまうスペースをつくれないから毎回持ち帰らせてほしい」といった場合です。そういった場合，子どもたちは忘れ物をすると授業前に「先生，教科書を忘れてしまいました」と言いにくることが多いでしょう。私は「忘れちゃったんだね。それで，みんなが教科書を使って勉強しているときに，どうすれば授業に参加できると思う？」と聞くようにしています。忘れてしまったことはどうしようもないので，どうすれば授業に参加できるかを考えさせたいのです。この質問への答えは「友達に借りる」「友達に見せてもらう」「授業の話を聞いて，家で書いてくる」「紙に写す」「デジタル教材を見ながら勉強する」など様々ですが，自分で決められれば OK です。ただし，自分で決めたにも関わらず，授業に参加していない場合は注意をするようにしています。

　カード教材やワークシートなど，そのものを忘れてしまうと授業に参加できない教材については，予備を持っていくことも大事です。参加できない（参加する方法がわからない）と遊んでしまったり，友達の邪魔をしてしまったり，ぼーっとしてしまったりするのは当たり前のことです。そういった場合には，「次からは持ってくるように気をつけなさい」と注意をして予備の教材を渡して，授業に参加させてあげればよいと思います。忘れ物したから授業に参加できないという状況はできるだけつくりたくないですね。

事前準備

授業準備

授業内容

指導方法

評価・テスト

仕事術

Question 54 教室移動の時に物が多くて困ります…

Answer どうしても多くなってしまうのはしょうがないかなと思います。持ち手つきのかごなど持ち運びやすいものの中に入れて運ぶといいですね。

1 教室移動中の持ち運びにはちょうどよい大きさのバスケットを

英語教室がある場合には，その教室内にものを置けばいいと思うのですが，毎時間各クラスを移動して授業をするとなると，4～5時間分の授業で使うものを持って移動することになります。移動するときに，私が持っていくものは主に以下のものです。

・教科書（教師用）	・アルファベットワーク	・絵カード
・名簿ファイル	・ワークシート	・電子辞書
・iPad	・単元計画（バインダーにはさんでおく）	
・筆箱	・その他の使用する教材（カード教材等）	

この持ち物の数自体を減らせればよいのですが，どれも授業で使う可能性のあるものなので，なかなか減らすのは難しいです。ですので，運ぶ際には，これらが入るサイズのかごなどを用意することになります。

2 入れ物選びは大きさ・見やすさ・運びやすさを基準に

事前準備

授業準備

授業内容

指導方法

評価・テスト

仕事術

かごなどを選ぶ際に私が気にすることは，大きさと見やすさと運びやすさです。大きさは，私は振り返りシートをＢ４サイズで作成しているので，Ｂ４サイズが入る以上のものを選んでいます。ワークシートを折って入れると，何のワークシートかを確認するのに時間がかかるので，折らずにそのまま入るものにしています。見やすさについては，中に入っているものができるだけすぐにわかるものにしています。格子状のものを基本的に選んでいますが，あまり穴が大きいと物が落ちてしまうのでその点は気をつける必要があります。運びやすさについては，手もち部分の太さがあまりにも細いと手が痛くなってしまうので，少し太さのあるものを選んでいます。こういった視点を考慮して，今は洗濯用のバスケットを好んで使っていますが，使いやすさや好みは人それぞれなので実際にホームセンターや100円ショップなどでちょうどいいものを選ぶとよいと思います。

3 カゴへの入れ方はできるだけ探さなくても済むように

かごへのものの入れ方も大事です。ぱっと見て分かるように，教科書やワーク類は背表紙が見えるようにします。また，名簿はファイル，単元計画はバインダー，配布プリントはクリアファイル，テストはクリアケースというように種類によって書類を入れるものを変えると探すのが簡単になります。連続で授業をする際は乱雑になりがちなので，朝・昼・帰りと１日の中で定期的に中身を整理するとよいです。

Question 55 同じ授業をやっても学級によって反応が違うので困っています…

Answer 各学級によってよさや表れが違います，場合によっては教師側がやり方をちょっと変えるということも必要です。

1 学級による差はあって当然と考える

　専科として同じ授業を複数クラスで行っていても，同じように進めることができないことは，当たり前ですがよくあります。それには，子どものこれまでの学習の理解度，子ども同士の人間関係，学級におけるルールの差など，様々な要因が関連しています。こうした学級差に対しては，子どもたちにとってよりよい学びになるように，教師側がクラスによって指導の仕方に変化をつけることも必要でしょう。

2 意見が出にくい学級では，グループの時間を増やすなどの工夫を

　全体で意見を聞いていく時に，あまり子どもたちから意見が出にくい学級だと沈黙がとても多くなり，雰囲気も重くなりがちです。そういった時には，ペアやグループでの学習の時間を多めに設けます。全体での意見が出せなくても，ペアやグループの方が子どもたちが思考したり発言したりしやすければ，そういった形態を中心に授業を組めばよいと思います。同じように，発表だと意見が出ないけど，呟きなら言えるというクラスであれば，「手を挙げなくてもいいから呟いてごらん」と促して教師が呟きを拾っていけば，全

体で考えを交流することも可能でしょう。全体で手を挙げて発表するという形にあまりこだわりすぎなくてもいいかなというのが，私の考えです。

3 最後の発表の形式も，学級によって変わってよい

「話すこと［発表］」の領域の単元終末の言語活動がスピーチだった場合，クラス全員の前で発表するという形態をとることが多いと思います。しかし，みんなの前に立つと極度に緊張してしまう子が多い場合には，無理に全体でのスピーチにこだわる必要はないと思います。「失敗したらどうしよう」という不安がある状態では，本来のその子のもっている力を十分に発揮できない可能性があるからです。具体的な方法としては，グループごとの発表にしてもよいと思いますし，自分が一番話しやすい子に聞いてもらうようなペア発表にしてもよいと思います。ただし，そうなると教師側がパフォーマンスを評価できないので，子どもにタブレットを持たせて動画をお互いに撮らせるなどの工夫が必要になります。

4 教師自身がキャラを変えて授業に臨む

同じ学校の4年生2クラスの授業を受けもった時のことです。A組は賑やかな子どもが多く自然と明るい雰囲気になれるクラスでした。一方のB組は，どちらかというと自己表現が苦手な子が多く，なかなか英語を積極的に使うという雰囲気になれずにいました。このままではいけないなと思い，指導する内容や流れは変えませんでしたが，B組では私自身が少しテンションをあげて授業の雰囲気をつくっていくように心がけました。そうすることで，表現しようとする子どもが増え，雰囲気もよくなっていったということがありました。このように，学級によっては教師自身が少しキャラを変えて授業に臨むことで，授業が進めやすくなったり雰囲気がよくなったりすることもあるかもしれません。

事前準備

授業準備

授業内容

指導方法

評価・テスト

仕事術

参考文献一覧

アレン玉井光江（2019）「小学校英語の文字指導　リタラシー指導の理論と実践」東京書籍

大島純・千代西尾祐司 編（2019）「主体的・対話的で深い学びに導く学習科学ガイドブック」北大路書房

外国語活動・外国語科実践研究会 編著（2019）「基本が分かる　外国語活動・外国語科の授業」東洋館出版社

京都大学大学院教育学研究科 E. FORUM「パフォーマンス評価（用語解説）」（https://e-forum.educ.kyoto-u.ac.jp/seika/glossary/）

国立教育政策研究所（2020）「「指導と評価の一体化」のための学習評価に関する参考資料　小学校　外国語・外国語活動」東洋館出版社

酒井英樹・廣森友人・吉田達弘 編著（2018）「「学ぶ・教える・考える」ための実践的英語科教育法」大修館書店

瀧沢広人（2020）「小学校　外国語活動＆外国語の新学習評価ハンドブック」明治図書

瀧沢広人（2019）「英語教師のための Teacher's Talk & Small Talk 入門」明治図書

手島良（2019）「これからの英語の文字指導」研究社

直山木綿子 監修（2019）「なぜ，いま小学校で外国語を学ぶのか」小学館

西岡加名恵・石井英真 編著（2018）「Ｑ＆Ａでよくわかる！「見方・考え方」を育てるパフォーマンス評価」明治図書

村野井仁・千葉元信・畑中孝實（2001）「実践的英語科教育法」成美堂

文部科学省（2017）「小学校外国語活動・外国語研修ガイドブック」（https://www.mext.go.jp/a_menu/kokusai/gaikokugo/1387503.htm）

文部科学省（2018）「小学校学習指導要領解説（平成29年告示）外国語活動・外国語編」開隆堂出版

山田誠志 編著（2018）「自分の本当の気持ちを「考えながら話す」小学校英語授業－使いながら身に付ける英語教育の実現－」日本標準

おわりに

　最後までお読みいただきありがとうございました。

　これからの先生方の授業づくりや働き方に生かせそうものがあったでしょうか。もし１つでも２つでもそういった内容があったのであれば嬉しく思います。

　さて，本書の執筆時点の文部科学省の中教審答申の中間まとめ案の中では，小学校高学年からの教科担任制について以下のように書かれています。

・小学校高学年からの教科担任制を（令和４（2022）年度を目途に）本格的に導入する必要がある。
・専科指導の対象とすべき教科については，系統的な学びの重要性，教科指導の専門性といった観点から検討する必要があるが，グローバル化の進展やSTEAM教育の充実・強化に向けた社会的要請の高まりを踏まえれば，例えば，外国語・理科・算数を対象とすることが考えられる。
（令和２年９月28日「令和の日本型学校教育」の構築を目指して〜全ての子供たちの可能性を引き出す，個別最適な学びと，協働的な学びの実現〜（中間まとめ）【案】）

　こうした現状を踏まえると，英語専科を含む小学校における専科教員の役割は，今後ますます大きくなっていくことが考えられます。そんな中，今現在，小学校英語専科をやっている先生方は，まさにパイオニア的存在だと思います。それゆえに大変なこともあるかと思いますが，子どもも教師もワクワクするような実践をたくさん生み出していってほしいなと思っています。

「はじめに」で書いたように，本書で書いたことはあくまで私の考えや方法であり唯一解ではありませんし，私が自分のやり方がベストだと満足しているわけでもありません。日々の授業の中では，上手くいかないことや悩むことの方がまだまだ多いです。読者の先生方から「もっとこんなやり方があるよ」「こうやったらうまくいったよ」というやり方がたくさん出てくるといいなと思いますし，そういった様々な方法を私にもぜひ教えてほしいなと思います。私自身も，自分自身の実践をさらにブラッシュアップしていけるように日々，前向きに研鑽を積んでいくつもりです。

　本書を執筆するにあたり，明治図書の新井皓士さんには多くのご助言をいただきました。私にとっては初めての執筆でしたが，新井さんの的確な指示や温かい励ましのおかげでこの本を書きあげることができました。改めて感謝申し上げます。

　また，私と同じ地域で英語専科として働いている仲間や，SNS を通じて繋がっている全国の英語教育に携わる先生方からも，いつも大きな励ましと勇気をいただいています。ありがとうございます。

　最後に，いつも私を支え，元気をくれる妻と息子にも大変感謝しています。本当にありがとう。

　この本が全国の英語専科の先生方がワクワク感をもって授業に臨むための一助となれば幸いです。

　2021年 1 月

　　　　　　　　　　　　　　　　　　　　　　　　　　　　服部晃範

【著者紹介】
服部　晃範（はっとり　あきのり）
静岡県公立小学校教諭。1983年生まれ。
静岡大学教育学部情報教育専攻を卒業後，同大学大学院教育学研究科に進学。大学院時代の研究領域は情報教育と学習科学。大学院修了後，静岡県公立小学校に勤務。
2016年度の英語教育推進リーダーの中央研修に参加し，それ以降，外国語活動研修会の講師を務めるなど，地域の英語教育推進に積極的に取り組んでいる。小笠教育研究協会英語教育研究部主任研究委員。
2019年度より英語専科教員となり，市内3校の外国語科・外国語活動の授業を担当している。自身の実践をフォレスタネットやTwitter，ブログなどを通じて発信している。

ブログ：https://nin.hatenadiary.jp/
メール：eigo_hat@yahoo.co.jp

小学校英語サポートBOOKS

Ｑ＆Ａでわかる！はじめての小学校英語専科

2021年2月初版第1刷刊	©著　者	服　部　晃　範
2022年1月初版第3刷刊	発行者	藤　原　光　政
	発行所	明治図書出版株式会社

http://www.meijitosho.co.jp
（企画・校正）新井皓士
〒114-0023　東京都北区滝野川7-46-1
振替00160-5-151318　電話03（5907）6701
ご注文窓口　電話03（5907）6668

＊検印省略　　　　　組版所 広 研 印 刷 株 式 会 社

Printed in Japan　　　　ISBN978-4-18-308725-6
もれなくクーポンがもらえる！読者アンケートはこちらから

→